MW01701300

Colección
Crecimiento Espiritual

Pan House
Casa Editorial

Editorial PanHouse
www.editorialpanhouse.com

Edición general:
Jonathan Somoza
Gerencia general:
Paola Morales
Gerencia editorial:
Barbara Carballo
Coordinación editorial:
Bárbara Daniela Peña
Edición de estilo:
Manuela Traettino
Corrección ortotipográfica:
María Antonieta Flores
Diseño, portada y diagramación:
Aarón Lares

ISBN: 978-628-7606-16-6

Carmen Luisa Tejada

Mi caminar diario con Dios

Destellos del Señor directo
a tu corazón

PanHouse

ÍNDICE

Dedicatoria

Te dedico este libro de reflexiones. Sí, a ti.
El Señor te anhela profundamente. En ese
caminar que emprendes diariamente con el Señor,
Él desea ser tu delicia, ser tu porción adquirida.
El plan de Dios para ti es salvarte y tener comunión
contigo diariamente. Él es tu Padre y no hay mayor
bendición que ser satisfecho por su presencia
deliciosa y suficiente. Puedes disfrutar de la
fidelidad del Señor en cada una de tus situaciones
diarias; no importa si lo sientes o no, Él va contigo.
Tú fuiste una fuente de inspiración para estas
reflexiones. Pensé en ti, en cómo transferirte
lo que aprendí en momentos cruciales de mi
vida. Por eso, este libro está dedicado a ti.

Agradecimientos

La gratitud es la memoria del corazón. Gracias a ti, amado lector, he podido llegar hasta este momento, superando mis expectativas. Por eso quiero extender mi agradecimiento.

Antes que todo, agradezco a mi Padre Celestial, por inspirarme y darme una reflexión cada día. Él hizo que no se callara mi pluma, quc pudiera llegar hasta donde estoy y me motiva a seguir adelante.

Agradezco a personas muy importantes para mí que están muy dentro de mi corazón. Menciono solo algunas. Son mi equipo inspirador, colaborador, promotor y mi motivación:

A ustedes, mi círculo familiar íntimo: Starlyn Tejada, Elizabeth Veras Tejada, Fabiana Vaca, Israel Acosta, Ramón Tejada, María Teresa Tejada, Joanna Peña y Lissy Báez. A mis pastores amigos, como Víctor Urraca, Fernando e Ilse Mota, Ernesto Alers Mártir, Freddy W. de los Santos, Eynar Mina, David Tavárez, Fidelina Morillo, Manuel (Pen) González, Robert Duarte, Jonathan Hernández, William Peña Domínguez, Juan Carlos de la Cruz Onésimo Feliz, César Galarza, Joseph Romero, entre muchos. A grandes amigas, como Doris Castillo, María E. Reynoso, Glenda de Zavala, Maritza Cumba, Yocasta Grassals, Luz Marina Álava, María E. Chávez, Ivette Rebeca (Becky) Otero y Evangelina Pichardo, Marta Colón, Flor Elba Acosta y Tatita López.

Las personas que comentan este libro son una muestra fiel de mi agradecimiento y de lo importantes que son para mí. Entre ellos, no mencionados antes: el Dr. Isidoro Cevallos, pastor y amigo de siempre, el Dr. Daniel Villa, la Lic. Zildette Rodríguez, entre otros. Irvia Robles, tú mereces una mención especial. Dios y yo lo sabemos.

Una mención especial de agradecimiento va para mi gran amigo y colega en el ministerio, el Sr. Will Rodríguez. Haber aceptado prologar esta obra es un profundo motivo de gratitud para mí. Es un honor.

Agradezco a todos mis profesores que fueron parte de mi formación teológica y universitaria. Las verdades aprendidas de ellos perduran para siempre y muchas son plasmadas en este sencillo compendio.

No puedo dejar de mencionar a quienes hacen parte de mi grupo de amigos que reciben cada día estas reflexiones y las comparten. Ustedes son mi motivación a seguir adelante. Cada nota, cada mensaje que me envían, alegra mi corazón y me inspira. Gracias a los multiplicadores que enviaron a otros cada devocional. Les agradezco profundamente.

Gracias, editorial PanHouse, por su empeño en hacer un trabajo excelente. Ustedes son un verdadero filtro de excelencia y servicio excepcional.

Sobre todo, te agradezco a ti, que tienes en tus manos lo que fue un proyecto que hoy es una realidad: *Mi caminar diario con Dios*. Gracias desde el alma.

Sobre la autora

Carmen Luisa Tejada, dominicana, ha servido al Señor en diferentes organismos y ministerios enfocados en la niñez, la juventud y sobre todo, en la Gran Comisión. Ha enseñado a más grupos que estos desde su misma adolescencia, sembrando así los valores del reino de Dios y mostrando un gran compromiso con las convicciones emanadas de la Biblia. Estas, como muchos lo saben, son difíciles de derrumbar en ella y en especial si las ponemos ante los antivalores de estos días. Sus convicciones la distinguen.

En diversos lugares, Carmen ha sido parte de la formación y capacitación de líderes cristianos, sirviendo en la Alianza Cristiana y Misionera, la Alianza Pro Evangelización del Niño (APEN), el Club Juvenil de Sembradores Bíblicos de la Sociedad Bíblica Dominicana, entre otros.

Ha laborado como docente en los sectores privado y público de su país, como maestra de Lenguas Extranjeras. Tiene una licenciatura con altos honores en teología y educación cristiana del Seminario Bíblico Alianza de Ecuador. Ella posee una licenciatura *magna cum laude* en lenguas modernas de la Universidad Tecnológica de Santiago, R. D. Amante de los estudios, se preparó en lingüística y traducción trilingüe en la Universidad de Montreal, en Canadá, y posee varios certificados en idiomas procedentes de centros educativos canadienses.

Motivo de alegría para ella es haber sido parte de los fundadores del Instituto de Capacitación Ministerial de la Alianza C. y Misionera en Cuba.

Cuenta con más de dos décadas sirviendo en varias áreas de la enseñanza en múltiples lugares y ha sido misionera y directora nacional del ministerio Evangelismo Explosivo Internacional en su país, labor que ejerce con toda la pasión que la caracteriza en el área de evangelismo y discipulado, capacitando a otros para compartir las buenas nuevas de Jesucristo.

Carmen Luisa actualmente hace vida en la República Dominicana y posee una certificación internacional de Maxwell Leadership como *coach*, conferenciante y capacitadora.

Comentarios

¡Auténtico! Así es el libro que tienes en tus manos, *Mi caminar diario con Dios,* porque auténtica es su autora. Con sabor y olor del Caribe, página tras página irás conociendo a nuestra amiga Carmen, quien conoce y sirve con todo su ser desde muy joven. Cada día te levantará, alegrará y traerá dirección a tu vida. Mi esposa y yo disfrutamos este hermoso devocional.

¡Estamos seguros de que tú también!

José Zavala
Pastor fundador del Ministerio
Internacional Guayaquil Norte.
Guayaquil, Ecuador.

Carmen Luisa es una mujer esforzada en todos los aspectos de la vida, fiel a su Dios y a su llamado. Es un privilegio y motivo de gozo ser parte de su vida y disfrutar de sus logros y aventuras. Ahora puedo ver su sueño realizarse con la publicación de estos escritos devocionales ya que llevan su anhelo por bendecir a los demás. Sé con certeza que el propósito de Dios será logrado.

«Jehová cumplirá su propósito en mí» (*RVR,* 1960, Salmos 138:8).

Irvia Robles
Mentora y primera maestra de Escuela Dominical
y Estudios Teológicos, Cofundadora del Instituto
Bíblico Alianza (IBA) en Rep. Dom.
Connecticut.

Carmen Luisa Tejada tiene la particularidad de mostrarnos los principios bíblicos de una manera sencilla y práctica; por medio de sus propias vivencias descubrimos las verdades eternas de la Palabra de Dios. Claro ejemplo de ello es la serie de devocionales que tienes en tus manos, compilada bajo el título *Mi caminar diario con Dios.*

Aquí encontrarás un dulce refrigerio para tu alma, ideal para iniciar tu día con un tiempo de lectura y reflexión. Sin duda alguna cada página será de bendición y crecimiento espiritual para tu vida, así como ha sido para mí recibir cada una de esas páginas a lo largo de un año y hoy las veo convertirse en esta obra que sin duda alguna es para la gloria de Dios y el engrandecimiento de su reino.

Zildette Rodríguez Suárez
Coautora libro *Antología ¡Perdonado!*
Asamblea de Dios boliviana-El
camino, la verdad y la vida.
Santa Cruz de la Sierra, Bolivia.

Loamos el trabajo que Carmen Luisa ha estado haciendo a través de estas reflexiones, las cuales vienen directo desde su corazón, fruto de un caminar continuo, día a día con el Señor.

Me gozo en el Señor y estoy convencido que sus palabras plasmadas en esta obra, el contar sus experiencias, serán de gran bendición y edificación a todo aquel que las lea. Es una forma más de cumplir nuestro llamado a la gran comisión.

David Tavárez Mota
Pastor y terapeuta familiar.
Rep. Dom.

La hermana Carmen Luisa Tejada estudió Teología Ministerial en el Seminario Bíblico Alianza de Guayaquil-Ecuador. Las exposiciones devocionales de su compendio *Mi caminar diario con Dios* son bíblico-teológicas; es decir, sólidamente fundamentadas en la Biblia y con inteligentes reflexiones sustentadas. Tienen la virtud de ser hermenéuticamente sanas y con apropiadas, pertinentes y edificantes aplicaciones para la vida en este mundo. Sus comentarios son claros, sencillos y no superficiales.

Pastor Isidoro Cevallos
Decano académico del SBA del Ecuador
y docente teológico por 42 años.
Doctor en Filosofía, Letras y Ciencias de la Educación.
Especialización en literatura y
gramática superior española.

Mi caminar diario con Dios es la respuesta a largas oraciones de miles de cristianos. Es un libro basado en las historias personales de Carmen Luisa Tejada, misionera cristiana. Comparte el viaje personal de fe de la autora, explorando los desafíos y las alegrías de vivir una vida dedicada a difundir el evangelio en todo el mundo. A través de anécdotas personales, el libro ofrece una visión única de la vida de una mujer que camina con Dios, que incluye navegar las diferencias culturales y lidiar con dudas y temores personales. Cada frase se basa en décadas de experiencia en el campo de batalla, no detrás de un escritorio. En general, el libro es una lectura inspiradora y estimulante que recuerda a los lectores el poder de la fe práctica en un mundo que ha perdido el rumbo.

Starlyn Tejada
Ingeniero en Redes.
New Jersey, USA.

Mi caminar diario con Dios es un hermoso libro de reflexiones que mi amiga Carmen Luisa Tejada ha tenido a bien escribir. Aquí encontramos, magistralmente combinados, su profundo conocimiento de la Palabra con su propia experiencia de vida. El resultado es un excelente recurso que podemos usar diariamente para ser desafiados y estimulados en nuestro caminar diario con Dios. Gracias a Carmen Luisa por mostrarnos que el divino consuelo del Señor sigue disponible hoy sin importar el reto que la vida nos presente.

Carmen, tu aporte viene a enriquecer más el acervo devocional para el pueblo cristiano. Sinceramente, gracias.

Dr. Daniel Villa
Autor y pastor.
Iglesia Alianza Oasis, NY.

Prólogo

¡Cuánta sabiduría contiene la santa y perfecta Palabra de Dios: la Biblia! No solo para nosotros los creyentes en Jesucristo como único y suficiente salvador, sino para cualquiera que desea encontrar buenos consejos con alta sabiduría. Son muchos los escritos que encontramos sobre y/o basados en la Biblia: comentarios bíblicos, exégesis, etimológicos, históricos, devocionales, etc. Unos excelentes, otros buenos y otros…

Pero cuán refrescante es encontrar algo basado en la Biblia que resulte práctico, que nos sirva para nuestro diario vivir. O sea, que nos podamos identificar con la situación y sacarle provecho inmediato.

Conozco a Carmen Luisa Tejada Taveras desde 1998. Nos conocimos en «territorio común», me explico. Cuando comencé mi trabajo voluntario con el Evangelismo Explosivo (EE) Internacional, llevo ya 23 años laborando a tiempo completo. Por la gracia de Dios, una de mis primeras encomiendas fue visitar unas iglesias en Santo Domingo, República Dominicana. Específicamente dos congregaciones que habían iniciado EE en dicho país. Una de ellas siendo la Iglesia Cristiana y Misionera Central en la Avenida Las Américas, Santo Domingo. Me presenté al Pastor Ramón Grullón e inmediatamente él me introdujo a la persona que estaba más involucrada con EE en la iglesia, sí, Carmen Luisa.

A eso me refiero con «territorio común». Ambos tenemos una gran pasión por el evangelismo basado en las enseñanzas bíblicas, no como algunos lo han diluido. Así que al conocerla comenzamos a caminar juntos en EE y conocer más de sus andanzas en la vida misionera, ministerial y personal. Somos, más que hermanos en la fe, somos amigos.

Cuando Carmen Luisa comenzó a distribuir sus devocionales diarios, hoy compendiados en este libro, recibí muchos y estos fueron los que me cautivaron por dos cosas principales: (1) la base bíblica es sólida, siempre dentro del contexto del versículo que usa y (2), al ser basados en sus propias experiencias personales, o la de personas que conoce, uno se puede identificar con estos devocionales y los puede aplicar inmediatamente. Ya sea para uno mismo o para ayudar a alguien más.

¿Perdiste? ¿No has podido recuperar ni recuperarte de las pérdidas? ¿Te sientes desolado porque viste irse lo que pensaste que era tuyo? Dios es tu mayor posesión. ¿Quién no se identificará con esta oración? Y qué consuelo saber que, «Jehová es la porción de mi copa y de mi herencia» (*RVR*,1960, Salmo 16:5).

Doy gracias a Dios por el amor, la dedicación y la pasión que muestra Carmen Luisa en su vida y cómo Dios la ha guiado con sabiduría a escribir estos devocionales. Sé que serán de gran bendición para todo aquel que tenga la oportunidad de leerlos. Los exhorto a que, según nos levantemos cada día, vayamos a la bendita Palabra de Dios, la Biblia, pero también nos edifiquemos con estos devocionales para alcanzar misericordia y hallar gracia para el oportuno socorro, así como nos dice el autor de la Carta a los Hebreos.

Me despido, «siempre rogando encarecidamente por vosotros en [mis] oraciones, para que estéis firmes, perfectos y completos en todo lo que Dios quiere» (*RVR*, 1960, Colosenses 4:12).

Will Rodríguez
Vicepresidente Global Desarrollo de Naciones.
Evangelismo Explosivo Internacional.

Devocionales

«Jehová es la porción de mi copa y de mi herencia. Tú sustentas mi suerte. Las cuerdas me cayeron en lugares deleitosos y es hermosa la heredad que me ha tocado».

Salmos 16:5-6

DÍA 1: MI PORCIÓN Y MI COPA

Resoluciones, planes y acuerdos son palabras que pueden definir los inicios de año. El primer día de este ciclo parece ser la fecha más importante para la mayoría de las personas. Posiblemente, lo que ronda en nuestra mente tiene que ver con asuntos externos, planes sobre progreso, resoluciones y planificaciones de aquello que no se pudo realizar el año anterior.

Has pasado un tiempo de crisis, crisis que no dependía de tus acciones porque era algo imposible de controlar. El mundo se vino abajo para todos. Una alerta mundial arropó la Tierra y nadie se pudo escapar. No hubo en el 2020 ni en el 2021 y 2022, quien estuviera seguro ante la nueva pandemia llamada covid-19.

En este primer día del año, quiero resaltar esta frase:

«Jehová es la porción de mi copa y de mi herencia».

Salmo 16

Jehová, el glorioso nombre propio de nuestro Padre, el «Yo Soy» revelado a Moisés y a muchos profetas, hombres de Dios, pero, sobre todo, el que se manifiesta a través de Jesucristo.

«Es la porción de mi copa y de mi herencia». En el marco de esta frase, una herencia o una copa es un destino asignado a una persona. *Lo que se hereda no se hurta*, dice un viejo refrán. Por esto, tienes en Dios una medida justa, una medida que con amplitud podrás desarrollar hasta llegar a sus límites. Dios es tu herencia misma, es tu porción, la parte que te ha tocado en la suerte de la repartición. La cinta de medir marcó Dios; allí te cayó la cinta. ¡Qué dicha!

¿Quién podría anhelar una herencia mejor que no sea Dios? Por lo tanto, en este nuevo año recién iniciado hace apenas unas horas, esta debe ser la mejor resolución, el plan más ambicioso: tener al Señor por copa y herencia. ¡Disfrútalo!

¿Perdiste? ¿No has podido recuperarte de las pérdidas? ¿Te sientes desolado porque viste irse lo que pensaste que era tuyo? Dios es tu mayor posesión.

Cuando se te nieguen derechos y no puedas hacer nada, cuando pierdas lo que tenías y no puedas recuperarlo, cuando veas esfumarse de entre tus manos lo que considerabas preciado y de valor, ¡no te desalientes! Recuerda que el mayor bien que puedes poseer es Dios, tu porción y pertenencia. La relación que posees con el Señor no tiene precio, solo Él tiene valor eterno.

«Me mostrarás la senda de la vida;
en tu presencia hay plenitud de gozo;
delicias a tu diestra para siempre».
Salmos 16:11

DÍA 2:
PRIMERO DIOS

El Señor me regaló una visita muy especial. Pude disfrutar de buena compañía y unos días muy tranquilos después de agotar una agenda muy ajetreada. El aire tiernamente fresco de este enero me recordaba que era momento de seguir escribiendo y poner en marcha las nuevas resoluciones. Pero nada me sale, nada se me ocurre, solo siento el firme deseo de vivir.

Han sido meses fuera de serie, de pérdidas y tristezas. Decir adiós sin poder despedirse, sin poder dar un abrazo, sigue siendo muy duro de asimilar. Por eso, en este día, le dije al Señor que me muestre la senda de la vida, su senda. Nos hemos equivocado tanto tratando de seguir nuestros propios caminos, que no vale la pena seguir intentando hacer planes sin la guía de Dios.

El gozo pleno, esa alegría interior en el espíritu que solo podemos obtener como un regalo, es mi mayor anhelo en este nuevo año. Deseo disfrutar de las delicias de la presencia del Señor. Se nos ha drenado mucho la vida mientras tratamos de recibir satisfacción de las personas, eventos, actividades o lugares. Hay un sabor agridulce que nos deja el caer en cuenta de que no podemos encontrar plenitud ni gozo sin Él. Todo nos conduce a Dios, al Supremo, al Dador. Solo en su presencia encontramos la plenitud del gozo que necesita nuestro ser interno.

Podrías tener todos los anhelos cumplidos este año, pero si en tus resoluciones no está contemplado el tener a Dios como lo primero, no sirve de nada el resto.

Es la porción de tu copa y tu herencia, tu lugar asignado, tu lote de tierra separado para ti. En Él vas a encontrar lo que necesitas.

Este año vendrán crisis, cambios, decepciones, desilusiones, fracasos, caídas y traiciones. No deseo ser negativa, pero es la realidad. Ante todo esto, nuestro Padre, Dios, es el único que puede ayudarnos a enfrentar los problemas que se aglomeran en nuestra vida personal y en la humanidad.

Saborea la delicia de la guía y la presencia de Dios. Siéntate a su derecha mientras Él te llena. Declara tu herencia, tu porción, tu lote. No puede haber mejor asignación.

¿Qué más podemos desear? ¿A quién más tenemos? Que sea un deleite estar con Él, en su presencia. Dios debe ser nuestro anhelo por el resto del camino que comenzamos a recorrer en esta nueva jornada del año. Deja que te muestre por dónde andar.

«Era Abram de edad de noventa y nueve años, cuando le apareció Jehová y le dijo: "Yo soy el Dios Todopoderoso; anda delante de mí y sé perfecto"».

Génesis 17:1

DÍA 3:
VE DELANTE, YO VOY DETRÁS

Recuerdo cuando mamá nos preguntaba si alguien se había comido la leche en polvo del bebé y nosotros negábamos con la cabeza, pero teníamos la boca llena y pegajosa por no haber podido tragar el menjunje atiborrado en la lengua. Lo peor era que teníamos la marca indeleble del polvo regada por toda la cara y, sobre todo, en la boca. No había forma de negar lo que habíamos hecho a escondidas de mamá.

«Anda delante de mí y sé perfecto», este fue un inolvidable llamado que Jehová le hizo a Abram cuando todavía no le había cambiado el nombre y le prometió multiplicar su descendencia antes del nacimiento de Isaac.

Andar delante de Dios significa no esconder tus acciones. Vivimos y actuamos sabiendo a quién tenemos detrás. Nosotros vamos delante; Dios, está detrás, como un Padre amoroso, vigilando que vamos bien mientras caminamos.

En las dificultades de la vida y en los tropiezos que se nos presenten, recuerda que Dios le pidió a Abram que anduviera delante de Él y, de la misma manera, me lo dice a mí hoy y te lo dice a ti. Nunca está ni estará ausente de la mente de Dios todo lo que tenemos que enfrentar: los escollos del camino, los desalientos cuando la ruta se vuelve escabrosa, empinada o en declive. Dios estaba ahí para Abram y ha prometido estar con nosotros. Ese «anda delante de mí», implica no solo un «pórtate bien», sino un «yo estaré ahí contigo».

Iniciar un año lleno de incertidumbre nos colma de expectativas que solo pueden ser cumplidas mediante las palabras alentadoras de nuestro Dios, que nos invita a andar con Él, delante de Él. Cuando las palabras retadoras de Dios van acompañadas de su nombre y uno de sus principales atributos, podemos estar seguros de que este será un gran año. No lo será por los logros personales que obtendremos, sino porque en Él haremos verdaderas proezas, guiados por su mano.

¡Te animo a este nuevo inicio! Lamentablemente, muchos no pudieron llegar hasta aquí, pero delante de nosotros está un gigante, un año para explorar. Dios nos dice: «Anda delante de mí», Él estará detrás para animarnos y enderezar nuestros pasos en el momento que lo necesitemos.

«Era Abram de edad de noventa y nueve años, cuando le apareció Jehová y le dijo: "Yo soy el Dios Todopoderoso; anda delante de mí y sé perfecto. Y pondré mi pacto entre mí y ti, y te multiplicaré en gran manera"».

Génesis 17:1-2

DÍA 4:
ALTO *STANDARD*, GRAN PROMESA

Estuve varios días recorriendo lugares hermosos de mi país después de una ardua jornada de labores en el trabajo y en el ministerio. Cuando nadie conocido nos está mirando, estamos tentados a deslizarnos en actividades y lugares que, normalmente, no tienen nada de malo, pero que no son usuales. Entonces, miramos en nuestro interior y al cielo sabiendo que ha habido un cambio en nuestro ser generado por la mano del Espíritu Santo que nos impele a «andar delante de Dios y ser íntegro». Qué hermoso es saber que obedecemos por amor y no por miedo.

Adicionalmente a «anda delante de mí», Dios también le dijo a Abram: «...Y sé perfecto». El recuerdo de cuando le robábamos la leche en polvo a nuestro hermanito menor me invade y entiendo que por este motivo tenía la necesidad de mentirle a mi madre. El Señor nos dice, como le dijo a Abram, que seamos íntegros, cabales, maduros. En este contexto, el adjetivo «perfecto» no quiere decir sin defecto alguno; lo que denota es que tengamos la clara visión de que el Señor está detrás de nosotros y requiere que andemos correctamente delante de Él. La otra palabra que describe lo que está pidiendo Dios aquí es «intachable», ya que es tan perfecto y sin tacha que no admite ni el más mínimo reproche, además, podemos sumar a este pequeño glosario, la palabra íntegro: integridad en nuestro andar delante de Dios, eso nos pide el Señor. Abram tenía un largo camino por recorrer. Se convertiría en el padre de las naciones y firmaría un pacto muy importante con Dios. Por este motivo, requería de integridad, honestidad y ser lo más intachable posible. Esta perfección o falta de tacha no se basa en nuestro esfuerzo o mérito humano, sino en la misma perfección de Dios, en su amor y en cumplir con su palabra y su ley, que es perfecta.

¿Cómo podemos andar delante de Dios con integridad, sin miedo a su reproche? Solo a través de la obra perfecta de Cristo en la cruz, quien lo hizo todo por nosotros. Debemos confiar en su obra perfecta y en su acción de perfeccionar su trabajo en nosotros.

Recuerda que este llamado de Dios en Génesis 17:1, «no me causa miedo ni me pone nervioso, me anima a seguir adelante, sabiendo quién va detrás de mí, para guiarme, corregirme y, sobre todo, amarme».

Que mi andar y tu andar en este día tengan la luz que emana de la presencia de nuestro Dios.

«No temas, porque yo estoy contigo».
Isaías 41:10

DÍA 5:
SOLITUD O SOLEDAD

La despedí y se fue. Con un sentimiento de ternura y nostalgia veía a través de los cristales cómo se alejaba. Cuando subió la escalera y miró hacia atrás diciendo adiós con la mano, sabía que no la vería más por un tiempo. Habían sido días maravillosos. El cariño compartido por madre e hija es inigualable. Ahora me volvía a quedar sola. Allí estaba mi sobrina e hija de toda la vida, que me acompañó en la despedida. Me miró silenciosa, sabía lo que yo estaba sintiendo. Me abrazó. Cuando regresé a la casa, fue cuando realmente me percaté de que se había marchado.

Ese suceso me recordó una historia:

A una hija la dejaban sola cada cierto tiempo. Sentía una angustia enorme cuando su madre se tenía que ir. Por más cerca que saliera la madre y por más corta que fuera la ausencia, la niña igual tenía la sensación de que la habían dejado sola. Se sentaba en el frente de la casita, a la orilla de la calle, a esperar a que su mamá llegara. Era como si el mundo se le viniera abajo. Cuando sus ojos alcanzaban a ver que su madre se acercaba a casa, el aliento le volvía al cuerpo. Más tarde, cuenta la que ya no es una niña, que los momentos más duros de la vida los ha tenido que enfrentar sin la compañía de un humano. ¿Acaso las experiencias de la temprana infancia nos preparan para el futuro?

¿Estamos siempre llorando en la soledad o lanzando gritos de miedo?

Dos palabras pudieran expresar los pensamientos que vienen a mi mente en este día: soledad y solitud.

Nos aterramos muchas veces al pensar que estamos o podemos quedarnos solos. Hay una diferencia en el significado de estos dos términos. No son sinónimos y, en algún momento, podemos experimentar ambas cosas, la soledad y la solitud. A veces pensamos que una de ellas es buscada y la otra viene quizá involuntariamente.

¿Es posible disfrutar el estar solo? Sí. Solo cuando decidimos estarlo por voluntad propia, porque queremos vivir un proceso de aprendizaje, de solaz, de búsqueda en nuestro interior con el fin de enfrentar situaciones y sacarle el mayor provecho. La experiencia de la solitud nos permite acompañarnos a nosotros mismos a aprender para nuestro provecho, pero en el caso particular al que me quiero referir, nos permite escuchar a Dios.

Por el contrario, la soledad es un estado de aislamiento en que se siente la ausencia de otros y deseamos una presencia compartida. No es anhelada y, normalmente, trae con ella tristeza profunda al alma.

Cuando el Señor nos permite estar solos, no debemos dejar que esos momentos se conviertan en una «soledad amarga». No chillemos como el animal que grita en el desierto porque se siente sin compañía. No seamos como el búho de las soledades ni como el pelícano en el desierto; más bien, imitemos a Jesús que transformó su solitud en fruto.

Si todos se van, aprovecha la presencia del Señor. Nunca te deja solo. Recuerda el texto: «No temas porque yo estoy contigo».

«Esforzaos y cobrad ánimo; no temáis, ni tengáis miedo de ellos, porque Jehová tu Dios es el que va contigo; no te dejará, ni te desamparará».

Deuteronomio 31:6

DÍA 6: TRANSFORMA TU SOLEDAD

¿Es posible vivir buenas experiencias y transformar la soledad en solitud? Sí, es posible.

Jesús sabía lo que era la soledad. Se separaba para meditar, solo o con muy pocos de sus discípulos. Vemos su tiempo de ayuno y oración en que fue llevado al desierto. Estuvo solo en todo, mientras se preparaba para el gran inicio de su ministerio público. Esos momentos de solitud y soledad no fueron negativos para Él. Pudo sacarle las mayores ventajas.

No hubo momentos en la vida de Jesús en que no experimentara la ausencia de personas cerca de Él. Desde que comenzó con su labor redentora, en cada momento crucial de su vida, se retiró, se apartó, estuvo solo o lo dejaron solo.

Las horas en Getsemaní, sudando grandes gotas como si fueran sangre, nos dicen de la agonía que vivió en esos momentos. A esto se suma el hecho de que iba a morir el justo por los injustos, estaba su sentido y sentimiento de abandono y soledad. Sí, Jesús estaba solo. Estas horas de soledad nos dan un ejemplo de lo que podemos hacer nosotros también. No es solamente llorar y quejarnos, es ser proactivos.

Se sintió amargamente solo y abandonado. Pudo expresar: «mi alma está angustiada hasta la muerte». Esto quería decir: me siento fuera de casa. Soledad. ¿Y la cruz? ¿Habrá momentos en que se sintiera más solo y abandonado? Esa fue su prueba final. Y fue su victoria final.

Sin embargo, en ninguno de los momentos de solitud y soledad, Jesús mostró desconfianza en su Dios. Aprovechó estas circunstancias para meditar, aprender, prepararse, vivir los procesos, disfrutar de su propia compañía y, sobre todo, la compañía del Padre amante.

Muchos hombres de Dios que experimentaron la soledad, estuvieron solos como una escogencia de Dios para tratar con ellos, para procesarlos. Un José en Egipto, en la cisterna, en la cárcel, en la lejanía de su familia. Un Moisés criado aparte de su familia, luego llevado al desierto solo para ser procesado por el Señor y sacarlo a grandes cosas; lanzado al desierto de nuevo, pero ya habiendo sido trabajado y habiendo madurado para guiar a todo un pueblo a la victoria. Un Noé, también como voz en el desierto, preparándose para lo que vendría después, viviendo las burlas de sus contemporáneos. Recuerdo a un Jeremías, a un David huyendo y viviendo todas las situaciones difíciles de las que salieron palabras inspiradoras como fruto de su experiencia de contemplar la hermosura de Dios. ¿Elías? ¿Juan el Bautista? Lo que hicieron no lo habrían podido vivir bajo el ruido del mundo alrededor.

Seamos como Pablo, quien, desde la cárcel y el destierro, escribió las más inspiradoras cartas. Seamos como Juan, quien, desde la isla de Patmos, nos dio un libro maravilloso. Finalmente, seamos Job pidiendo que lo dejaran solo porque sus compañías no lo ayudaban. Quiero recordar que el Señor dijo: «No te dejaré ni te desampararé».

«Padre de huérfanos y defensor de viudas
es Dios en su santa morada»
Salmos 68:5

DÍA 7: ¿HUÉRFANO? DIOS ES TU PADRE

Hay heridas difíciles de cerrar y una de esas es la orfandad. Un huérfano es un niño cuyos padres están ausentes, muertos. Pero también puede ser orfandad por abandono. Cuando un niño pierde a su madre, se abre una herida difícil de sanar, no importa el cariño prodigado por otros; es un vacío que crecerá con él por el resto de su vida.

He visto de cerca la orfandad en muchos niños. Algunos son llevados a hogares de acogida; otros, son adoptados. Muchos de ellos, son criados por familiares cercanos, como los abuelos o, incluso, tías, pero la presencia de una madre en los primeros años es algo insustituible. Hay un sentimiento de desamparo que viene a agravar la necesidad básica de protección y seguridad innata del ser humano.

¿Qué experiencias de soledad podría tener una persona que quedó huérfana en su niñez? ¿Es posible tornar todo eso para bien? La palabra del Señor en el texto citado es: «Soy el Padre de huérfanos». Asimismo, Jesús dice en el Nuevo Testamento: «No los dejaré huérfanos, volveré a ustedes». Con dichas frases, ilustramos que sabía y comprendía todo lo que experimenta una persona que creció con esa carencia, ese vacío de amor en el interior, causando un sentimiento de abandono y soledad. Las promesas de nuestro Dios son para llenar de aliento nuestras vidas. Se presenta como la figura perfecta de un Padre amoroso, proveedor, protector, sustentador y, sobre todo, sanador de heridas.

Muchos hombres y mujeres de la historia crecieron sin padres y fueron grandes transformadores de naciones. Es posible cambiar el lamento de la orfandad a gratitud por la paternidad y la compañía del Señor. Es posible, también, levantarse de las cenizas como el ave fénix y hacer historia con nuestros logros, sobre todo, siendo el más importante, el haber superado la soledad y el sentimiento de abandono.

Hay otro texto de la Escritura que dice: «Aunque mi padre y mi madre me abandonen, con todo, Jehová me recogerá». Dicho texto indica que al final de cuentas, el verdadero y más grande amor que no nos dejará nunca, es el de nuestro Padre celestial. Por tanto, no dudes, Dios está contigo, nunca te dejará huérfano. Abrígate en sus tiernos brazos.

Transformemos los momentos en que nos sentimos huérfanos, en momentos de contemplación al Señor y de crecimiento para nosotros mismos. Esos procesos nos empujarán a grandes eventos que bendecirán, no solo a nosotros, sino a muchos otros. Jesús dijo a sus discípulos al final de su vida terrenal, que no los dejaría huérfanos, sino que vendría de nuevo a ellos. Esa hermosa promesa se ha cumplido, porque ha enviado a su Espíritu Santo para que haga morada en sus hijos y nunca se sientan abandonados. Tú y yo somos sus hijos y Él es nuestro Padre. ¡Ánimo!

«El que comenzó en nosotros la buena obra, la perfeccionará hasta el día de Jesucristo».
Filipenses 1:6

DÍA 8: CARÁCTER, DIOS DETRÁS DEL ESCENARIO

Backstage es una palabra que me gusta. Sin embargo, al traducirla al español pierde su esencia. Me agrada así, en el idioma original en que fue concebida, pero ¿qué quiere decir *backstage*?

A todos nos gusta ver productos finales, eventos bonitos y bien terminados. Nos fascinamos cuando vemos una torta de bodas impresionante y exquisita. Es posible que también seas de los que les encanta ver un deslumbrante desfile de modas, con modelos bellamente vestidas y un físico verdaderamente envidiable. No nos resistimos al contemplar una comida deliciosamente emplatada, aunque solo sean unas diminutas raciones que apenas llenan «una muela». ¿Quién no se impresiona al entrar a un salón de conferencias lleno de detalles y decorado de manera profesional? Yo lo hago. Me impacta positivamente. No sé si a ti. A mí, personalmente, me derriten los detalles sencillos, pero llenos de sentido y sentimiento.

Ayer veía una sesión de fotos, las más hermosas y atrevidas fotos que te puedas imaginar. Me preguntaba cómo lo lograron, cómo consolidaban ese acabado de la escena. No tenía ni idea de cómo lograban ese nivel de adecuación y fue, en ese instante que llegó la palabra *backstage* a mi cabeza. Todo lo anteriormente descrito se consolidó gracias al *backstage*.

Si profundizamos un poco en la figura del cristiano ideal que admiramos por su madurez, por su entrega, abnegación, por su fidelidad al Señor, entendemos, que ese increíble cristiano se ha convertido en un modelo a seguir para otros. Miramos, entonces, el «evento», pero ignoramos muchas veces el «proceso», lo que estaba tras bastidores, ignoramos el *backstage*. Por esto no deberíamos preguntar cómo se han venido dando los procesos en una persona, en un creyente modelo, para que se convierta en lo que ahora vemos. Entendiendo esto, la Biblia nos dice que nosotros somos la obra misma del Altísimo, obra que no ha sido acabada, pues el Señor la perfecciona día a día. Por ende, es necesario que sepamos que detrás de las cortinas, tras bastidores, entre los regueros, pedazos de materiales, pintura, trozos de tela, hilos, recortes por aquí y por allá, y utilería, hay alguien.

Sucede en los eventos y también sucede en nuestra vida espiritual. Para que lleguemos a ser «ese increíble cristiano», el Señor mismo se ha involucrado en nuestro *backstage*. Un trabajo imperceptible, donde lima, lija, rompe, demuele, quita, pone, corrige, procesa a altas temperaturas, recorta, etc. La obra perfeccionadora de

Jesucristo en nosotros no es visible a los ojos humanos. El proceso en cual Dios nos cambia, no es algo visible para todos, lo que se logra ver es su trabajo terminado. Dios ha comenzado su proceso en ti, permite que Él lo termine.

«Entonces vino a mí palabra de Jehová, diciendo: ¿No podré yo hacer de vosotros como este alfarero, oh casa de Israel? dice Jehová. He aquí que, como el barro en la mano del alfarero, así sois vosotros en mi mano, oh casa de Israel».

Jeremías 18:5-6

DÍA 9:
DESDE EL *BACKSTAGE*, EL ALFARERO

En mi región existe un pequeño paraje llamado «El Higüerito». Se caracteriza porque allí se encuentran los artesanos que trabajan el barro y la arcilla en esta zona del país. Ver a esos sencillos artistas con las manos sumergidas en esa sustancia maleable haciendo sus figuras, me hace recordar el pasaje del alfarero que menciona Jeremías. En él, se explica que la figura no siempre sale de la forma como el alfarero desea, motivo por el cual debe desbaratarla para iniciar de nuevo la labor. Así también se trabaja en nosotros, tal cual como lo hace el alfarero.

Admiro al increíble cristiano, porque yo también quiero llegar a ser como él. Ese carácter, esa manera de enfrentar las cosas son impresionantes. Admiro, también, ese tiempo de oración y dedicación a Dios y a los demás. Lo que a veces ignoro son las horas de trabajo que pasa el alfarero modelando y moldeando, trabajando desde el anonimato.

El Señor nos somete a procesos y todos sufrimos a veces por las torceduras, los apretones y los jalones que nos tocan en la senda. A pesar de esto, no andamos por la vida pensando en los escollos que el Señor nos propició; lo que realmente queremos es que el mundo vea que nos parecemos más y más a nuestro alfarero, a nuestro hacedor. No importa cuán doloroso sea lo que sucede tras bastidores, queremos que lo que salga de ahí sea admirable, digno de quien nos ha trabajado durante toda su existencia. De la misma manera, una persona que busca un evento cuasiperfecto, tiene que someterse a todos los aparentes caprichos del que está dirigiendo el asunto, de esa misma forma nosotros, como hijos de Dios, debemos estar sujetos y ser sumisos dejando que Dios trabaje. Dijo el salmista: «Ve si hay en mi camino perversidad y guíame en el camino eterno». Dejarnos guiar en el trabajo que se está realizando, asegura una excelente culminación.

Debemos permitir el proceso, no importa si no mostramos las fotos del *backstage*, lo importante es que sí podamos presentar el producto final, un trabajo hermoso que bendiga a otros y que glorifique a nuestro Padre. El trabajo del Señor no ha terminado en nosotros, permitamos que perfeccione su obra cada día, no importa cuánto tiempo tenga que tomar y todo lo que tenga que hacer hasta que seas esa obra de arte deseada. El Señor exhibirá la hermosa obra que ha realizado en tu vida, para gloria de Él mismo y bendición de muchos. Recuerda, estás en las manos del alfarero eterno, el perfecto hacedor de maravillas, tú eres una de ellas.

«Y el SEÑOR dijo a Abram: Vete de tu tierra, de entre tus parientes y de la casa de tu padre, a la tierra que yo te mostraré».
Génesis 12:1 (LBLA)

DÍA 10: UN GPS SEGURO

Abram pone el GPS, para llegar a «la tierra que yo te mostraré». En otras palabras, «algún lugar» o «lugar no establecido». El GPS quiere avanzar, pero no hay ninguna voz que diga: «En doscientos metros, tome el Noroeste». Nada, no dice nada. Pobre Abram, no se puede mover, porque el GPS no funciona con esa dirección. Finalmente, hay un aviso: «Ubicación no encontrada», y Abram se queda tranquilo, esperando dirección de arriba.

Siempre que vamos a usar un GPS, necesitamos saber con exactitud la dirección a dónde vamos. De esta forma, el satélite nos da las indicaciones para iniciar nuestro viaje. ¿Sucede así con las órdenes que Dios nos da? Cuando el Señor Jehová le habló a Abram en este escenario bíblico de Génesis 12:1, todavía no le había dado la promesa de un hijo, pero sí le dijo: «Haré de ti una gran nación, engrandeceré tu nombre y serás bendición, en ti serán benditas todas las familias de la tierra».

Un llamado lleno de promesas, las cuales parecían no tener sentido porque Isaac no había sido prometido todavía y no había nacido. Pero no es solo la promesa que parece no tener sentido, sino la orden misma: «Vete de tu tierra, de entre tus parientes y de la casa de tu padre, a la tierra que yo te mostraré».

El Señor tenía la dirección en su mente, la ubicación perfecta. Su GPS es, no había manera de fallar. Lo estaba ordenando aquel que tiene contados hasta los cabellos de nuestra cabeza. ¿Sería posible para Abram seguir las directrices del GPS de Dios mientras iba por el camino? ¿Se equivocarían sus transportistas en algún punto del trayecto? ¿Sabía Dios exactamente lo que le estaba pidiendo a este hombre? Era un hombre rico, acostumbrado a las comodidades de su lugar, con grandes propiedades. Posiblemente nunca había salido de su zona de confort para ir a un lugar sin dirección. ¡Exacto! Abram salió «a la tierra que le iba a ser mostrada». Y no fue solo, llevó consigo todo lo que tenía, familia cercana y siervos que había adquirido. Salió Abram, se fue, obedeció y no dudó. Se fue como Jehová le había dicho. Finalmente, en el transcurso de su viaje, el GPS muestra Canaán, allí llegaron. Fue guiado a la perfección por su dispositivo. El Señor tenía predeterminado el camino que le iba a ir mostrando a Abram. Su mente infinita y omnisciente lo conocía.

«Y el Señor dijo a Abram: Vete de tu tierra, de entre tus parientes y de la casa de tu padre, a la tierra que yo te mostraré».

Génesis 12:1 (LBLA)

DÍA 11: CONFIANDO EN SU MANO

La historia de Abram nos confirma la manera en la que el GPS de Dios es exacto y seguro, por lo que debemos confiar en la senda que nos proponga. Dios nos guiará a nosotros en el largo camino que resta para este nuevo año.

Aquí estamos, con todo un camino por delante, lleno de desafíos y cientos de preguntas. Pero no hay reto que Dios no nos ayude a enfrentar, ni pregunta que Él no pueda responder. Nuestras comodidades, nuestra zona de confort, aquello que aparentemente nos dio cierta seguridad y estabilidad, todo eso va a ser removido. Debemos dejarlo, abandonarlo y enfrentar nuevos retos con la guía del Señor.

Él nos indicará cuando un trayecto esté en rojo o en amarillo por la congestión, lentitud o por los escollos en el tránsito. Dios conoce el camino perfectamente y nos irá indicando cómo movernos. Nos susurrará al oído mientras manejamos: «Disminuye aquí, aumenta la velocidad, ten cuidado aquí, coloca las luces de neblina, enciende las direccionales, no olvides las luces de parqueo, para». El Señor siempre nos guiará.

Confianza es la palabra y actitud que debemos tener en mente. Es un viaje en el que nos tocará descansar, apoyándonos en Dios. ¿A dónde nos ha mandado el Señor? ¿Qué orden nos ha dado? ¿Hay algún camino que debamos recorrer del que no sabemos el trayecto? ¿Debemos llevarlo todo o dejarlo en el lugar de origen? ¿Salir sin bolsa, ni alforja, ni comida para el camino? ¿Cómo es la orden que Dios te ha dado particularmente a ti? ¿Cuál es la experiencia que debes vivir en tu viaje? Solo el Señor lo sabe. Si nos dijo: «Vete al lugar que yo te mostraré», Él sabe a dónde nos llevará. Lo importante es obedecer como Abram. Cuando lleguemos, hasta nuestro nombre será cambiado, por el sencillo o complicado hecho de haber obedecido.

Es posible que haya dudas en el camino, esto es inevitable. Por ese motivo, recuerda este texto pronunciado en Isaías 41:10: «No temas, porque yo estoy contigo. No desmayes, porque yo soy tu Dios. Siempre te ayudaré; siempre te sustentaré con la diestra de mi justicia». Es posible también que debamos recordar esta verdad: «En el día que temo, yo en Ti confío».

«"Porque yo sé los planes que tengo para ustedes", declara el Señor, "planes de bienestar y no de calamidad, para darles un futuro y una esperanza"».
Jeremías 29:11 (BLA)

DÍA 12: DE LA CUEVA A LA INFLUENCIA

Estuve en Robben Island, Sudáfrica. Cuando se nos dio a escoger en el Congreso de Naciones del organismo en el cual sirvo, eran contadas las personas que decidieron ir a este lugar y yo fui una de esas. Impresionante, aterrador. Una cárcel transformada ahora en museo. Siempre me llamó la atención Nelson Mandela. Cuando vi la cueva donde era obligado a trabajar con piedras durante sus dieciocho años de prisión y caminé en su pequeña habitación, no entendía cómo era posible que de ese lugar saliera, precisamente, el expresidente de Sudáfrica, el hombre que fue castigado con creces por haberse opuesto al régimen *apartheid.*

En Sudáfrica, de una colonia utilizada para los leprosos, Dios sacó a un hombre excepcional cuyo legado quedaría para siempre con nosotros. En las Sagradas Escrituras, El Señor había llevado a José, el hijo de Jacob, por diferentes procesos sumamente difíciles; fue vendido, echado a una cisterna, odiado y rechazado por sus hermanos, acusado injuriado, calumniado, estuvo en la cárcel y fue olvidado por quienes amaba, pero un día, pudo declarar delante de sus hermanos: «Ustedes quisieron hacerme daño, pero Dios lo cambió todo para bien. Ustedes han visto lo que ha sucedido, Dios ha dejado con vida a mucha gente» Génesis 50:20 (TLA).

Siguiendo lo comentado en la Biblia, quiero pedirte que tomes esta enseñanza y no te desesperes por eso difícil que estás viviendo. No te concentres en el presente solamente, en la crisis que te puede llevar a la desesperación, a la duda. Es necesario mirar más allá del día de hoy. Dios ve el futuro y sabe los planes que tiene para ti. Posiblemente no vislumbras ningún nuevo horizonte, pero, imagina la historia de Mandela, que trabajó en una cueva durante 18 años. Jamás pensarías que ese hombre prominente salió de allí.

Dios tiene un plan maravilloso para tu vida y hay cosas que no puedes controlar de todo lo que estás viviendo y confrontando hoy en día. Lo peor que podemos hacer es llenarnos de ansiedad frente a cosas que no logramos controlar. Deja que el Señor te envuelva con su mano y desarrolle lo que tiene planeado para ti. Es difícil pedir que te abandones en las manos de Dios, pero es lo mejor que puedes hacer, es el mejor y más seguro lugar. Recuerda que es hermosa la herencia que te ha tocado: Dios. No te dejes distraer. Eres un líder, eres influyente. Desarrolla eso en ti a pesar de la cueva donde te puedas encontrar ahora. Puedes salir, puedes brillar, puedes influenciar.

«Y la mano de Madián prevaleció contra Israel. Y los hijos de Israel, por causa de los madianitas, se hicieron cuevas en los montes, y cavernas, y lugares fortificados. Y vino el ángel de Jehová, y se sentó debajo de la encina que está en Ofra, la cual era de Joás abiezerita; y su hijo Gedeón estaba sacudiendo el trigo en el lagar, para esconderlo de los madianitas. Y el ángel de Jehová se le apareció, y le dijo: Jehová está contigo, varón esforzado y valiente».

Jueces 6:2-11-12

DÍA 13: ¿QUÉ MIEDO ES ESE?

Todos nos escondimos, todos nos confinamos. El mundo entero se sometió a las normas: «Quédate en casa». El miedo arropó a la población, no había escapatoria. La pandemia nos afectó a todos. Han ocurrido decenas de epidemias mortales, unas más que otras, pero el peligro estaba por todas partes. La mejor forma de escapar de un contagio era, literalmente, esconderse en la propia casa. Lo terrible no era tanto el contagio, lo verdaderamente terrible, era el miedo que se hizo dueño de los seres humanos.

Hace unos miles de años hubo un tipo de contagio que estaba acabando con la paz y el sosiego del pueblo de Dios. El azote de pueblos vecinos era tal, que no solamente se escondían las personas, sino que era necesario resguardar hasta la comida, porque nada se escapaba de la peste. El pueblo se llenó de miedo y si alguien quería encontrar a una persona, tenía que buscarlo en cuevas y cavernas. Uno de esos personajes, famoso por el atrevimiento de «probar a Dios» varias veces, fue Gedeón. Un día en particular, histórico para él, se le apareció Dios mismo en una de sus manifestaciones. El saludo más espectacular lo recibió Gedeón, quien también estaba listo para esconder los alimentos de su familia e irse a ocultar, cuando el Señor le dijo: «Varón esforzado y valiente, el Señor es contigo». Me llama la atención la forma en la que Dios se dirige a Gedeón, ya que, en lugar de decirle: «Mira, tú, cobarde, ¿qué haces ahí?», le dice: «Varón esforzado y valiente».

El Señor quería que él lograra una gran hazaña. Después de enviarlo a vencer, con las fuerzas del Señor, el hombre desafió al mismo Dios en varias ocasiones porque no creía que Dios le estaba hablando. Dios conoce nuestros miedos y temores. Conoce nuestros escondites, a donde nos vamos cuando queremos huir de la realidad. Nos hemos hecho cuevas y cavernas para esconder nuestra cabeza como avestruces, como el pueblo de Israel, como Gedeón. No hay nada que escape a la omnisciencia de Dios. Él lo sabe todo. Y es tan especial nuestro Señor, que no nos regaña, que no nos desecha cuando ve nuestro corazón lleno de miedos frente a las situaciones de la vida diaria.

Así como nuestro amigo Nelson Mandela salió de la cueva a impactar e influenciar el mundo después de dieciocho años en una prisión; de la misma forma, Gedeón fue pulido para limpiar a su pueblo de todo lo que lo aquejaba y separaba de Dios, ganando la guerra de manera inimaginable. Así mismo, tú y yo podemos ser usados por el Señor para luchar con sus fuerzas, dejando el miedo atrás y siendo empujados por su voz que nos dice: «¡*Hey*, tú! Eres esforzado y valiente. Ve con mis fuerzas y vence». ¿Tienes miedo? No hay miedo que nos gane cuando Dios va con nosotros.

«El eterno Dios es tu refugio, y debajo están los brazos eternos».
Deuteronomio 33:27 (NBLA)

DÍA 14: ÉL, REFUGIO SECRETO

En los tiempos de juventud de Corrie ten Boom, muchos judíos eran guardados en los closets secretos de su casa. Estaban allí, protegidos y alimentados por la familia ten Boom para evitar la muerte a manos de Hitler y sus huestes sedientas de sangre judía, hasta que un día fueron encontrados y llevados a las barracas, y luego, como sabemos, asesinados. Eso mismo le sucedió a la valiente familia ten Boom. Años de tristeza, muerte, enfermedades, abusos y soledad.

El refugio ofrecido por la familia ten Boom era bueno, seguro hasta cierto punto, pero un día fue descubierto y destruido.

Dios es nuestro refugio. Un refugio es un lugar seguro en medio de un peligro inminente. Normalmente, un lugar secreto, difícil de encontrar y donde nos guarecemos en situaciones como una guerra, una tormenta, un tornado, un huracán, o cualquier contexto que implique peligro físico o psicológico.

Puede que corras peligro, la crisis posiblemente te ha arropado al igual que a muchos. Es probable que no tengas a dónde ni a quién acudir en estos momentos de angustia, pero sí hay un lugar, el más seguro de todos: el eterno Dios.

Un refugio debe ser duradero, aparte de seguro. No solo es un espacio de transición, sino que también puede resistir los embates del tiempo, los combates del enemigo y las condiciones físicas del clima. La Escritura dice que el eterno Dios es tu refugio, y esa característica de eternidad, hace que nos quedemos quietos sabiendo que ese refugio no va a perecer, no va a ser destruido y podemos escondernos hasta que el peligro pase.

El verso no solamente habla de refugio, sino que aquí, debajo, en este espacio íntimo, tenemos sus brazos eternos. Y cuando se habla de brazos, se habla de protección, de cariño, de amor, de seguridad. ¿Qué no es más anhelado por cualquier persona, sino unos brazos que lo rodeen y le aseguren compañía y protección?

Eso es, precisamente, lo que se explica en la escritura, que el Señor, no solamente es lugar seguro en el cielo, sino que aquí abajo también están sus brazos eternos para ti. Él te rodea con su amor y te ofrece seguridad en medio de esta situación que estás viviendo particularmente, sin embargo, también en esta ola que ha cubierto al mundo en medio de esta pandemia, la cual parece no tener fin. Al inicio de este nuevo año, Dios ha prometido rodearte. Estás seguro en sus brazos, estás guardado en su refugio.

«Y se acordaban de que Dios era su refugio,
y el Dios Altísimo su redentor».
Salmos 78:35

DÍA 15:
EXALTADO ES DIOS

El Elyon se deriva de la raíz hebrea «subir» o «ascender», se refiere a aquello que está demasiado alto. El Elyon denota exaltación y habla del absoluto derecho a su señorío. Él, Él, mi tema favorito. Cuando veo un nombre con el afijo «el» (como Israel), sea en la terminación o en su interior o al principio, de inmediato pienso qué quiere decir, ya que, en hebreo, ese afijo significa Dios: Israel (príncipe de Dios), Daniel (Dios es mi juez), Emanuel (Dios con nosotros), etc.

Uno de los nombres de nuestro Dios es El Elyon, que significa El Altísimo. Este nombre, nos hace pensar que este es uno de los atributos hermosos de Dios que lo hacen merecedor de adoración y alabanza. Adoración que demanda su Señorío porque es el más Alto, el Supremo sobre todos los reyes de la tierra.

¿Quién como nuestro Dios que se sienta en las alturas, que se exalta sobre todos y sobre todo, quien es digno de todo reconocimiento y honor? ¿Quién cómo Jehová entre los dioses? ¿Habrá una actividad más alentadora, sanadora, renovadora, que alabar y exaltar a nuestro Señor? No lo creo. Fuimos creados para la alabanza de su gloria, y este nombre de Dios, nos recuerda precisamente eso.

Sin embargo, el Dios exaltado y que está por encima de todo y de todos, se inclina hacia el menesteroso y ante el que está en desgracia. No comparte su gloria con nadie, no, pero tampoco a costa de su grandeza, aplasta al ser humano. Por el contrario, Él es grande y tiene muy bien definida su identidad. Mira hacia nosotros y se apiada. Eso lo hace todavía mucho más digno de exaltación y alabanza.

El nombre «Altísimo», que también es un atributo, no solo se menciona en el Antiguo Testamento, sino también en el Nuevo, confirmando lo escrito por Dios en la Antigua Ley, pues ella siempre fue una sombra de lo que había de venir y la palabra de Dios es eterna al igual que sus atributos.

¿Qué tiene que ver esto contigo hoy? Mucho. Es probable que en nuestro trajín diario solo nos enfoquemos en los problemas que nos agobian. Eso puede sucederte a ti, que pases el día y te olvides de engrandecer el nombre del Señor por estar enfocado en algún problema y no en el solucionador, quien te enseña a sobrellevar el momento hasta que Dios decida, en su tiempo perfecto, cuándo pasará el asunto.

Hay que levantarse y mirar por encima de la multitud, ver que el Exaltado está ahí, esperando que transformemos la queja en alabanza y no que sigamos en una «quejabanza» (entre queja y alabanza). Ven, levantémonos, te invito, y adoremos a nuestro Rey.

«El justo florecerá como la palmera; crecerá como cedro en el Líbano. Plantados en la casa de Jehová, en los atrios de nuestro Dios florecerán. Aún en la vejez fructificarán; estarán vigorosos y verdes».

Salmos 92:12-14

DÍA16:

VIEJOS VERDES

Mafalda, mi amiga Mafalda, dijo una vez: «¿Será que cuando uno envejece cambia de color? Porque mi vecina cuando era joven le decía al esposo: "príncipe azul", y ahora que están mayores, le dice: "viejo verde"».

Es posible que la ocurrencia de Mafalda nos haga reír un poco. Pero más probable es que hayas escuchado el grito: «¡Mire, viejo verde, ubíquese!». O tal vez has leído: «Viejo verde, ecologista, busca a chica joven».

La expresión viejo verde tiene una connotación negativa en nuestra sociedad. Nadie quiere ser llamado «viejo verde». Te traigo hoy una buena noticia, yo quiero ser una vieja verde y me gustaría ver a muchos viejos que se vuelvan verdes a medida que van llegando a la edad de oro.

La Biblia nos dice en el Salmo 92:14 que: «Los justos, los que confían, aquellos que andan en la obediencia y en la verdad del Señor, estarán vigorosos y verdes y crecerán como cedros del Líbano», el príncipe de los árboles en la Biblia, representando a los imperios poderosos.

Pero ¿qué quiere decir que estarán vigorosos y verdes? Puedo referirme en este momento al hecho de que los que obedecen y confían en el Señor, se volverán viejos verdes. No con una connotación negativa, sino entendiendo que hay un símil hermoso en este texto. Significa que esta persona dará fruto, no perderá el verdor, no perderá el vigor, seguirá embelleciendo el bosque como lo hacía cuando era apenas un arbolito.

Yo quiero ser una vieja verde. En mis años de madurez, de envejecimiento, cuando llegué a la senectud (y ya pronto), anhelo con toda mi alma seguir siendo fructífera cual no lo fui antes. Deseo imprimir en los niños y jóvenes que me rodeen, un legado de valores, de principios, de profundas convicciones. Entre los más mayores, me inspira poder compartir lo poco o lo menos poco que Dios me ha permitido vivir y experimentar en el servicio de su obra y en lo que hago cotidianamente entre mis conocidos. Ese es el viejo verde o la vieja verde en la que me quiero convertir. Estar vigorosa y verde dependerá de cuán arraigada esté en Jesús, de cuán permanente sea mi diaria comunión con Él, de cómo use su Palabra en mi vida y la dé a conocer. Depende, sobre todo, de cómo brille mi luz y cómo sazone mi sal.

Verde hasta el fin y tú puedes serlo también. Quizá nos sentimos arrugados por las luchas, los dolores, los achaques propios de la edad y de este siglo pandémico. Sin embargo, en la presencia del amado Dios podemos rejuvenecernos día a día.

Hoy puede que no sea el mejor día, pero eso no me quitará el vigor, porque en Dios solamente está acallada mi alma y Él me ayuda cada día con su barniz natural a mantenerme en el propósito de ser fructífera hasta el final. Y me convertirá en una vieja verde.

«Al de carácter firme lo guardarás en perfecta paz, porque en ti confía».
Isaías 26:3 (NVI)

DÍA 17:
PAZ Y FIRME PROPÓSITO

Lejos de casa, en un país distinto, con gente que prácticamente no conocía, en una sala de precirugía, sin dinero propio, con cientos de preguntas: así estaba yo aquel día. En unos minutos vendrían a buscarme para llevarme al quirófano. Veía a la que era, para mí, «mi ángel», parada a un lado de la cama, con grandes ojos azules, alta, bonita, serena, y con la más dulce sonrisa que yo pudiera pedir. Allí esperaba para ser asistente de mis cirujanos. En un momento, de forma milagrosa, llegó un grupito de mujeres. Entre ellas, la presidenta de las Damas Aliancistas Americanas (*Alliance Women*). Ella había estado el mes anterior en mi país con un grupo de unas cien damas y estaban incentivando la oración por misiones en el mundo entero. Habían escuchado mi testimonio sobre mi servicio al Señor y las misiones que yo llevaba a cabo en Cuba. No puedo describir lo que sentí cuando vi a esas hermosas mujeres que venían a acompañarme en los momentos previos a varias cirugías simultáneas. Oraron por mí, compartieron testimonios y, por supuesto, llevaron olor fragante en ofrenda.

Ese momento, esas oraciones, me llevaron al verso de Isaías 26:3, que dice: «Completa paz para los que tienen sus pensamientos en Dios». Esos son quienes han tenido el firme propósito y el carácter de mantenerse confiando en Dios en momentos de dificultad. Confiar, es la palabra que mejor describe esto.

Hay situaciones que pueden llegar a desencadenar un poco de inquietud, de desconfianza, de perturbación de la paz mental: el qué dirán, el querer controlar lo que no puedes controlar, el querer cambiar a otros de la manera que tú deseas que sean, el no haber logrado esos sueños y anhelos profundos, por las razones que sean, etc., pero, sobre todo, el deseo incorrecto de querer ser como los otros quieren que seas. Todo eso puede traer perturbación en el interior de la mente y actuamos en consecuencia, nos dejamos llevar.

En este texto de Isaías, se nos dice que la mejor forma de ser guardados en paz es cuando tenemos el firme propósito de perseverar con nuestro pensamiento en Dios. Es en Él, no es en las circunstancias, no es en los deseos de otros ni en nuestros deseos. El qué dirán no nos debe perturbar cuando nuestra mente se somete a Dios y llevamos cautivo todo pensamiento negativo a la obediencia de Cristo.

Dios garantiza con su propio compromiso, que Él nos hará estar en completa paz. No tenemos mayor ni mejor garantía que saber que el Señor es quien nos dará la paz necesaria cuando las cosas se vuelven grises y no vemos luz en el horizonte; cuando, como aquel día en ese hospital lejos de casa, mi pensamiento tuvo que volcarse a Dios y su cuidado amoroso.

«Pues Dios no es injusto. No olvidará con cuánto esfuerzo han trabajado para él y cómo han demostrado su amor por él sirviendo a otros creyentes como todavía lo hacen».

Hebreos 6:10

DÍA 18: TE AGRADEZCO

Llegué a ese gran país, en esta nueva ocasión, por un milagro. Los médicos habían aprobado hacerme las cirugías como una obra de gracia. Nunca había experimentado algo así: los exámenes previos, un tratamiento para acondicionar los oídos, las conversaciones con los encargados del *Charity care* de ese hospital, todo era una indicación de que el Señor tenía cuidado de mí. Yo no merecía eso en absoluto. No era mi país, no era gente que yo conociera. Pero Dios sí sabía todo, Él sí conocía todos los movimientos para que yo tuviera el cuidado que necesitaba lejos de mi casa.

Cuando Dios abre una puerta, nadie la puede cerrar. El abrió esa puerta para mí, puesta en las manos de los mejores cirujanos de esa región; hospedada en un hogar maravilloso de personas que abrieron sus corazones para recibirme como una hija, sin conocerme.

¿Cuál fue el factor que facilitó toda esta bendición para mi vida? Suena simple, pero no lo es: el hecho de ser una misionera que estaba sirviendo a Dios. Ellos me sirvieron a mí porque yo servía al Señor, y yo agradeceré por siempre a mi amado Padre celestial.

Pude haber tenido preguntas, temores frente a la realidad de hacerme tres cirugías al mismo tiempo. Todas las preguntas se esfumaron y en el momento en que recibí la anestesia, solo recordé estas palabras: «Aunque ande en el valle de sombras y muerte, tú estarás conmigo, tu vara y tu cayado me infundirán aliento…». Y, entonces, me quedé profundamente dormida durante muchas horas. Dios estaba en control, absoluto control, y me abandoné en sus manos y en las de los médicos, que apenas conocía. Paz, absoluta paz, paz de Dios.

Recuerdo que antes de la llegada de ese gran día descrito, escuchaba una y otra vez un himno antiguo en aquella casa que me acogió: *Nearer, still nearer* (*Cerca, más cerca*). Yo sabía que, aunque mi familia estaba lejos, el Señor estaba cerca de mí.

¿Cómo no agradecer a un Dios que mira cada detalle de nuestras vidas y mueve montañas infranqueables con el solo propósito de suplir nuestra necesidad?

Agradezco sus cuidados y agradezco por las personas que pone alrededor mío, sin merecerlo, por pura gracia suya.

«Dios es el que me ciñe de poder, y quien hace perfecto mi camino; Quien hace mis pies como de ciervas, y me hace estar firme sobre mis alturas».

Salmos 18:32-33

DÍA 19: CEÑIDOS

Si cuando era niña me hubieran dicho que un día experimentaría una temperatura muy por debajo de 0 grados Celsius, nunca lo habría creído. Eran los primeros años de la década de 2000. Las temperaturas en Montreal, Canadá, habían descendido por debajo de los 35 grados bajo cero. Una nevada espeluznante cubría toda la geografía de la Provincia de Quebec y, por supuesto, los vehículos reposaban bajo inmensas balsas de nieve. Tenía que viajar y, necesariamente, había que sacar mi carro. Estuve horas en esa labor. Lo saqué, pero había que encenderlo. Cualquiera que conoce el escenario estará diciendo: «¡*Ufff*!, pobrecita».

Así fue, tratar de encender ese vehículo era todo un arte, o, más bien, un acto de energía. Se necesitó mucho tiempo para que cargara esa batería y que pudiera encender.

Durante ese período incierto, intenté varias cosas para hacer funcionar la batería, así también sucede en la cotidianidad: escuchas música, vas a actividades, te juntas con personas con las cuales crees que te vas a prender de energía, cambias de sitio, emprendes algo nuevo, sales, te quedas en casa. Haces lo que sea necesario porque crees que el asunto es externo a ti, porque la batería está totalmente descargada y sientes que el frío te hiela la sangre.

El asunto no es «a dónde», el asunto es «a quién». He ahí el meollo de la situación. Buscamos los «qué», cuando la solución está en «Quién». El salmista tuvo sus momentos duros en los que también dijo: «Si tuviese alas como de paloma, volaría yo»; «soy como el búho de las soledades...»; «como el ciervo brama...». No estuvo ajeno a situaciones como las tuyas y como las mías. En este salmo, dice: «Dios me ciñe de poder...». Ceñirse de poder es encender la batería que está muerta. En esta oración la persona que ejerce la acción es Dios, pero la persona que recibe la acción del verbo soy yo. Soy la persona ceñida, soy yo quien recibe el poder, soy un objeto, no un sujeto. Esto es una bendición, saber que, en este caso, el poder no viene de mí, la fuerza es ajena a mí. Yo, simplemente, lo recibo. Ceñir es amarrar, es atar, es apretar, cercar, cerrar, rodear, abarcar, envolver. Todo eso lo hace el Señor cuando nos ciñe. Nos rodea, nos cerca, nos abarca, nos envuelve en su poder. De seguro que ese ceñir tiene que ver con alguna labor y obra que debo realizar. Claro, para vivir, para salir de nuestra frialdad, para arrancar cuando nada funciona, porque todo viene de Él.

«Dios es... el que hace perfecto mi camino...»
Salmos 28:32

DÍA 20:
MI SENDA Y MI ANDAR

Anteriormente, estuvimos meditando sobre la encantadora verdad de que Dios nos ciñe con su fuerza y poder. La idea continúa en este día de hoy. Es Dios.

Hace apenas unos días, necesitaba llegar al lugar donde me estaba hospedando, no podía perder tiempo. En ese momento, estaba dándole un paseo a una joven muy especial que me visitaba ese día. Tenía poco tiempo porque debíamos entregar el lugar y regresar a casa, donde seguiría atendiendo a la chica. Una situación con el vehículo hizo que tuviéramos que salir de emergencia a resolverlo. Habiendo terminado, nos aprestamos a regresar. Como no conocía el lugar, pusimos el GPS y ¡oh, sorpresa! Anduvimos durante un buen rato y no llegábamos. En este momento, recordando el incidente, me da risa, pero no era para reírme cuando nos sucedió. Casi lloraba, porque me di cuenta de que el GPS nos estaba sacando del pueblo. Saberme perdida es caótico para mí. Finalmente, redireccionamos, pusimos de nuevo el nombre del lugar y pudimos llegar; tarde, pero llegamos.

Lo que parecía ser «la ruta perfecta», no lo era. Lo que parecía ser la «aplicación perfecta», que no fallaba, no lo era. Eso me hace pensar en que es posible que en este día tengas en tu mente, en tu cabeza, lo que pareciera ser el camino perfecto a seguir. Has estado planeando, meditando, tomando notas, haciendo arreglos, vislumbrando horizontes. Has creído que es allí donde Dios te lleva o, lo contrario, crees que donde estás, no es el sitio, que lo que estás haciendo no es lo correcto para ti.

El salmista dice en el verso de arriba, que es Dios quien hace perfecto el camino. Mi camino puede parecer lleno de piedras, de escombros; puede que tenga malezas y no sea llano, puede ser que no esté nivelado y que, de vez en cuando, me haga tropezar debido al terreno. Es posible que, en algún momento, me haga caer, pues es muy escabroso. Creí que el camino era derecho, pero necesita arreglos, o ser totalmente cambiado, tomar otra ruta, redireccionar mi GPS.

En ese momento, en que nos encontramos medio perdidos porque no vemos salida alguna en el horizonte, es cuando debemos permitir la intervención de Dios. Él quiere arreglar totalmente la ruta y llevarnos por donde planeó. Quiere hacer perfecto mi andar y esto no se puede lograr sino solamente con su guía, pues Él no se equivoca de ruta jamás.

Quizás estés tomando decisiones y el miedo te paraliza, la incertidumbre se ha apoderado de tu mente y lo que ves son brumas, espejismos como en el desierto y eso te llena de temores. Es ahí donde Dios te dice: «Yo haré perfecto tu camino, entrégame tus dudas, tus miedos, tus temores que no te dejan avanzar».

El mejor consejero, mentor, guía, *coach*, es Dios. Nuestros consejos te podrán parecer hermosos, pero finalmente es Dios quien te ciñe de poder y hace perfecto tu camino. Él aligera tus pies para que puedas llegar a las alturas que estableció para ti. Es Dios, y solo Él.

«Tú eres mi Dios, eres todo lo que tengo;
tú llenas mi vida y me das seguridad».
Salmos 16:5 (TLA)

DÍA 21: SUSTENTADO

«(...) y si tengo suerte, ella y yo seremos felices para siempre" —le confesó Eustaquio a su maestro Gaudencio. Y este le dijo: "No existe la suerte en las relaciones. Debes de tomar conciencia que tu actitud hacia la vida y la gente, es lo que sustenta tu suerte"».
Desconocido

Este día del año, que recién iniciamos, no importa el número que sea, no significa mucho frente a todos los días que nos restan. Eso es como cuando acabas de cumplir seis años en el Ministerio de Educación de cualquier país en desarrollo, apenas se comienza un largo transitar. Nadie puede pensar en pensionarse con apenas seis años. Entendiendo esto, nadie puede decir: «tuve éxito o fracasé en este año», cuando apenas llevamos unos días.

La suerte es una suma interesante de varios elementos y todos ellos son intencionales, hay que trabajarlos. Eso fue lo que le quiso decir Gaudencio a Eustaquio. No hay suerte como tal, como lo concebido por la mayoría de los mortales. Puede parecer incierto el futuro, puede que no prometa nada y, aun así, algunos dirán: «La suerte está echada en este año, veremos cómo nos va».

Voy un poco más allá de estas declaraciones conformistas y fortuitas. Tú y yo no dependemos de la suerte. Tenemos un ancla segura en quien confiar. El salmista ha declarado que Dios sustenta su suerte. En otras versiones dice: «Tú llenas mi vida y me das seguridad». Ese «tú llenas mi vida» está hablando de la suficiencia del Señor para encargarse de tus carencias. Es como si el escritor dijera: «No hay nada más, no hay nadie más que pueda suplir lo que mi alma anhela y necesita», luego declara: «Tú me das seguridad», y es ahí donde podemos pensar en la suerte. No sabes lo que te espera en el resto del año, en la vida, en el futuro, en tus empresas, en lo que recién inicias o vas a iniciar. Pero puedes decir como el salmista: «Señor, Tú me das seguridad, Tú sustentas mi suerte, mi futuro, mi porvenir del cual no sé nada».

El verbo más interesante aquí es **sustentar**, porque significa sostener, alimentar. Es proporcionar y ofrecer. Dios me ofrece y proporciona todo lo que necesito para continuar el viaje de un largo año que apenas comienza. Mi inseguridad descansa en su seguridad. Mi suerte descansa en su sustento. Yo confío, confía tú también. Es nuestra decisión.

«Las moscas muertas hacen heder y dar mal olor al perfume del perfumista; así una pequeña locura, al que es estimado como sabio y honorable».
Eclesiastés 10:1

DÍA 22:
CUELA TU PERFUME

Era insoportable aquel olor, inundaba toda la casa. No había rincón aparente que no se hubiese revisado para ver de dónde salía ese hedor. Limpiaba, echaba detergente, cloro, todo lo que pudiera hacer desaparecer aquello y nada. Hasta que, revisando el interior por debajo de un mueble, ahí estaba: un pequeñísimo ratón muerto, al que llamamos, por acá, bigañuelo por ser muy pequeño. Ese bigañuelo indefenso había llenado de un aroma nauseabundo toda la vivienda.

El libro de Eclesiastés, en una hermosa metáfora, nos habla de las moscas muertas que pueden echar a perder el perfume del perfumista. No puedo imaginar un rico perfume, de una famosa casa, con una mosca muerta en el fondo o con varias moscas muertas. Parece inofensivo, imperceptible, pero cada perfumista sabe a qué debe oler su perfume, cuál rica fragancia debe tener.

Una mosca muerta se puede comparar con acciones desacertadas, pequeñas locuras o grandes locuras, malas elecciones en algún momento de la vida, muestras del carácter mal manejado, palabras hirientes que pronunciamos en algún momento contra alguien, echándole a perder un buen momento de su vida. Moscas muertas que parecen ser «pequeñas locuras» y que no parecen tener consecuencias, pero que sí las tienen: hieden y dan mal olor al perfume del perfumista.

¿CON QUÉ PODEMOS COMPARAR EL PERFUME DEL PERFUMISTA?

Es tu vida y es mi vida. El perfumista, por extensión, bien puede ser tu padre o tu madre. La mejor explicación de este texto la escuché en Perú, de un excelente predicador argentino. No podía creer que aquella explicación y aplicación fuera tan acertada: Muchas veces los padres hacen cosas, toman acciones, cometen «pequeñas locuras», dan mal olor al perfume que están elaborando, a la vida de sus hijos. Ese perfumista, o sea, ese padre, ha pensado que su acción desacertada jamás va a afectar la vida de sus hijos. Pero lo que realmente echó a su perfume fueron moscas muertas.

Esas moscas muertas que son el resultado de una mala acción, de un pecado visible, de un abandono, de no haber criado, dirigido o enseñado bien a los hijos, traen como consecuencia tristeza, amargura, soledad, inseguridad. Traen desánimo, falta de carácter al tomar decisiones, temores y miedos ante cualquier asunto pequeño en la vida. Esas son las terribles consecuencias, eso es lo que significa la frase «hacer heder y dar mal olor al perfume del perfumista».

Hoy puedes decidir ser sabio y honorable, y cambiar la historia, del hedor a la fragancia. Las consecuencias de nuestros actos pueden cambiar a positivos, a un verdadero legado de honor cuando permites que Jesús lave, limpie y cuele completamente nuestro perfume. Como líder de tu casa y familia, eres influencia. ¿Qué tipo de influencia quieres ser?

«La necedad está atada con el corazón del muchacho; la vara de la disciplina es lo que la alejará de él».
Proverbios 22:15

DÍA 23: ESTÓRBALOS, ELÍ, ESTÓRBALOS

Mi padre no contaba hasta nueve para castigar a alguno de sus hijos, mucho menos si la conducta negativa había sido contra un vecino, un compadre o en la escuela. Eran singulares los castigos en casa. Iban desde un correazo o una «pela» con la peor vara. Pero cómo olvidar otros castigos que, de mencionarlos, se me eriza la piel. A algunos los arrodillaba en un «rallador» o le propiciaba algún otro castigo extremo. A veces, ni sabíamos por qué nos castigaban, solo hacía falta que un buen vecino dijera que nos portábamos mal. Claro, esos eran otros tiempos. No puedo negar que tuvimos padres fuertes.

Pero la historia no es igual con todos los padres. Algunos se pasaron de disciplina, otros, nunca supieron lo que era eso. Un padre así, que solo les pasa paños tibios a sus hijos, lo encontramos en la Biblia. Es muy contradictorio pensar que un hombre que fue el tutor del profeta y juez Samuel, fuera un padre fracasado con sus hijos. Sí, Elí, fracasó como padre. Dejó que las moscas muertas se fueran al fondo de su perfume. Sus hijos eran «su perfume», pero se llenaron de moscas podridas.

Dice la misma Escritura que Elí escuchaba que sus hijos andaban en malos caminos. Lo que hacían no era digno ni de un hijo de Dios y mucho menos, de un siervo de Dios, pero Elí «no los estorbó». Eso quiere decir, que no les llamó la atención, no los disciplinó, no los castigó. Incluso, debía removerlos de sus ministerios y no lo hizo. Elí conocía las leyes de Dios, sus hijos también. Ninguno de ellos era ignorante de lo que debían hacer, pero se empeñaron en pecar y Elí no los estorbó.

Cuando pensamos en ello, tenemos que reconocer que cualquiera puede fracasar en su función. Sin embargo, tenemos la ayuda de Dios, la guía del Señor. Su Palabra es nuestro mapa y ella dice que debemos criar con la disciplina y amonestación del Señor. Llenos de amor, sí, pero una cosa no es independiente de la otra. La necedad está ligada al niño desde la cuna, pero reside en los padres tomar las acciones correctas.

No todo está perdido, Jesús es el Restaurador de portillos, el que endereza nuestros pasos. Un profeta dijo que cuando Jesús viniera «no quebraría la caña cascada (astillada) ni apagaría el pábilo que humeare». Jesús está listo para sacar esas moscas muertas y darte su fragancia, limpia, pura, santa y, sobre todo, alegre y llena de vida.

Estorba a tus hijos con el amor de Dios y disciplínalos, vamos a salvar ese hermoso producto, no imites a Elí como padre. Salva tu casa, Dios la restaura.

«Mujer virtuosa... Es mujer de carácter; mantiene su dignidad, y enfrenta confiada el futuro. Muchas mujeres hicieron el bien, mas tú sobrepasas a todas».

Proverbios 31:25-29

DÍA 24:
MUJER INCOMPARABLE

Cuando la conocí, ella enseñaba. La destreza con la que exponía y, sobre todo, la convicción cristiana reflejada en sus dichos mientras instruía, fue lo que más me cautivó. Yo era apenas una jovencita. Y me convertí en su estampilla, me pegué a ella. La hice mi maestra.

No lo esperaba, el Señor me llevó a su casa, bajo su cuidado y mentoría. Lo aprendido durante casi dos años, no tiene comparación: la veía cuidar su familia y su casa, atender su trabajo misionero, enseñar, cocinar deliciosamente rico, aconsejar con tanto tino y, principalmente, amar a Dios. La mejor imagen que tengo es encontrarla muchas veces de rodillas, una disciplina que nunca se apartó de esta virtuosa mujer.

Hoy este escrito está dedicado a ella. Ha sido mi amiga, mi «madre joven» como suelo decirle. Ha sido mi mentora, mi consejera y, ¿por qué no?, mi fiel socia en el ministerio. Muchas mujeres han hecho el bien, es cierto; muchas mujeres a través de las pruebas de la vida han mantenido su carácter parecido al de Cristo y su dignidad, pero ella es especial. Estar al lado de esta singular dama es como estar sentado frente a la sabiduría y a la cordura, prudencia y cariño silencioso, sin bulla, sin aspavientos ni rimbombancia.

Muchas mujeres se han destacado por exponer la palabra de Dios, pero ella no negocia los valores, los principios, las convicciones, y eso lo muestra claramente mientras expone el texto bíblico, lo ha enseñado por años delante de adultos, jóvenes y adolescentes. Tiene un manojo de chicos preciosos que Dios puso en sus manos para amar y guiar. Siempre la he visto mostrando el camino de Dios respetuosamente a sus muchachos. La mayor bendición es poder disfrutar de ellos y sus nietos, una hermosa herencia mencionada también en la Escritura: «Sus hijos también la alaban», dice este mismo capítulo de Proverbios 31: «Muchas mujeres hicieron el bien, repito, más tú sobrepasas». Sus manos siempre han estado ahí para el necesitado, sobre todo para aquel que ha dedicado su vida y obra al servicio del Señor. Conozco ese corazón misionero, aprendí tanto de ella en mi juventud junto a un puñado de ejemplares hombres y mujeres de Dios, que hoy forman parte de mi caja de tesoro. Doy gracias al Señor por tener en esa caja a una mujer como esta. Cuando la gracia y la hermosura física adornan a muchas mujeres y es el objetivo de tantas otras, el temor a Jehová, es el más hermoso adorno de la mujer objeto de mi escrito hoy. Su confianza en Dios a través de todos los años y las luchas de la vida, conllevan un gran legado.

«Dadle del fruto de sus manos y alábenla en la puerta sus hechos». Es lo que precisamente estoy haciendo en este día, distinguida y virtuosa señora, mi amada Irvia Ramírez, su amistad todavía me bendice.

«Felices los humildes, porque Dios
les dará en herencia la tierra».
Mateo 5:5

DÍA 25:
SIN ALTIVEZ

Tengo muchos hermanos. Mis padres tuvieron quince hijos, nacidos de la misma mamá y del mismo papá. Siempre en una familia, habrá algunos que son un poco más imponentes que otros; están, también, esos que muestran más sencillez y mansedumbre. Conocerás el dicho: *la oveja mansa se mama su teta y la ajena.* Así dice el proverbio exactamente y ninguna palabra aquí es una grosería.

¿Qué significa esto? Es muy fácil. La persona que es arrogante, altanera, que muestra su orgullo por encima de todo, lo que logra, finalmente, es ser desplazado y posiblemente no llegar nunca al lugar donde quiere, al sitial que quiere alcanzar.

Pero el de corazón sencillo, el humilde de corazón, el que espera su turno sin altanería, ese logra, no solo lo que desea, sino mucho más.

Tendemos a ser muy desesperados, a pedir nuestros derechos, a reclamar lo nuestro o lo que pensamos que nos pertenece. Este es el siglo de «es mi derecho», «tengo derecho», «que nadie vulnere tus derechos»... Como expresé, en mi casa éramos muchos. Cuando nos servían, una fila casi interminable de platos, alguno que otro miraba por encima y decía: «a mí me echaron menos», (solo de recordarlo me da risa). Y mi mamá, que era una mujer muy peculiar, tomaba parte de la comida de los otros y llenaba una «higüera» de víveres y se la ponía al frente al reclamón. No había forma de comerse todo aquello y, al menor descuido de mi madre, la comida volaba hacia el conuco.

Pero había otros más mansitos, más pegados de mamá, más humildes. Esos disfrutaban un poco más, por el dicho aquel de la oveja mansa. Los hijos que mejor se portan con sus padres, los que cumplen el mandamiento de honrarlos, de cuidarlos, de estar siempre pendientes, son los que normalmente reciben la mejor parte de la herencia, si es que hay para repartir. Y si no hubiera, reciben los cuidados y las ayudas para forjar un mejor futuro.

Pero ¿será que ante Dios el hombre puede mostrar altanería? No debe, pero sí lo hace. El que se presenta y se cree que tiene los derechos a las mejores bendiciones de Dios, a obtener, incluso la salvación por méritos, ese está totalmente equivocado y desubicado en cuanto a la manera de obrar de nuestro Dios. Es, entonces, cuando el hombre de sencillo corazón y humilde recibe lo que el Señor tiene reservado.

Herencia tiene el Señor para ti, solo Él sabe lo que ha reservado para tu vida. Estableció un propósito para mostrártelo en el momento que Él decida. La actitud, el carácter que debes mostrar y tener ante Dios, es humildad. Reconocer tu pequeñez, así como la grandeza y suficiencia del Señor. No vale la altanería delante del Todopoderoso. Ante Él estamos desnudos. Él es el único grande; nosotros, sus criaturas sumisas. Nunca será lo contrario.

*«El corazón del hombre piensa su camino;
mas Jehová endereza sus pasos».*
Proverbios 16:9

DÍA 26:
MIS DESEOS, SU PROPÓSITO

Era fascinante para mí escuchar al profesor Carlos Westmeier, me embelesaba oyéndolo, aunque tuve pocas oportunidades de hacerlo. Lo escuché contar una historia de la que quiero tomar la frase que dijo un personaje alemán. Es la siguiente:

«El que yo soy, mira con tristeza al que pude haber sido».

El origen o la razón de esta frase es que otro personaje muy famoso se le había atravesado en el camino para no dejarle pasar, para impedir que él prosperara, pues tenía todas las competencias para superar a aquel que se le cruzó en el camino.

¿Qué te has propuesto ser en la vida? ¿Cuál es legado que quisieras dejar, no solo a tu generación, sino a las venideras? ¿Entiendes que Dios te ha dado competencias y facilidades para ejercer aquello que anhelas en tu interior? ¿Qué te ha impedido hasta ahora alcanzar tu potencial?

Sé que, como yo, tú también tienes en tu interior anhelos profundos que quieres realizar, ser esa persona que Dios plantó en la tierra con un propósito y no quisieras que alguien se te atravesara en el camino e impidiera lo que sabes que puedes llegar a cumplir.

Dirás que nadie puede impedir que una persona logre su potencial, salvo la persona misma y eso también es cierto. La mayoría de las veces somos nuestros peores enemigos; nos limitamos, nos apocamos, no nos consideramos suficientemente útiles o buenos para algo. Pero hay buenas noticias, sí podemos alcanzar nuestro potencial y sí podemos cumplir la voluntad o el propósito establecido por Dios para nosotros.

La Biblia dice en Proverbios 13:19 que: «El deseo cumplido es dulzura para el alma». Es decir que cuando tenemos un sueño, un anhelo, un proyecto de vida, y lo cumplimos, le hace bien al alma. En este aspecto estamos hablando de cosas buenas, de logros para bien. No nos referimos a deseos insensatos que van a acarrear desgracia a nuestra vida o a la de otros. Es aquello que nos hemos propuesto, inspirado, en valores cristianos, en principios morales que afectarán positivamente la vida de otros y darán honra a nuestro Dios.

Es probable que lo que hemos soñado lograr no esté muy definido, pero dice el libro de Proverbios que el Señor endereza nuestros pasos. Él sabe qué es mejor para nosotros. La mente infinita de Dios supera a nuestras limitaciones y solo Él sabe cómo podemos alcanzar aquello que fue establecido en la eternidad para cada uno. Tú sabes, posiblemente, cuál es el camino que deseas seguir para llegar a tu meta, pero el Señor, conocedor de todo, sabe por dónde guiarte y si hay algo que enderezar lo hará.

Yo no deseo que pongan en mi tumba: «El que yo soy mira con tristeza al que pude haber sido», no. No quiero que mi vida sea solamente un recuerdo de un anhelo frustrado. No quiero que la tristeza en la que se pueda convertir mi vida sea el resultado de haberme dejado aplastar en los anhelos profundos de mi corazón en cuanto a lo que quise llegar a ser.

Que nadie te prive de tu propósito. Revísalo constantemente y realiza los ajustes necesarios. Vuelve al punto de partida si es necesario; no importa la edad o cuántas veces hayas caído en el intento. Levántate con la ayuda de Dios y con su impulso. No permitas ni que tú mismo ni que otros, frustren el deseo de tu corazón. Camina con Dios.

«Pero tenemos este tesoro en vasos de barro para que la excelencia del poder sea de Dios, y no de nosotros».

2 Corintios 4:7

DÍA 27: VASOS DE BARRO, VASOS DE HONRA

Sentía tener todas las limitaciones al mismo tiempo: prótesis auditivas nuevas en el oído y lentes nuevos que me dividían los ojos por la mitad, mal hechos. La acústica en el lugar no me ayudaba y el sitio asignado para sentarme era lejano, de manera que no podía distinguir bien las palabras para entender lo que se decía. Todo parecía estar contra mí y eso duraría un mes.

Mi condición auditiva que había acarreado por tantos años, había sido un reto. Mientras todo eso pasaba, vino a mi mente y corazón lo que el Señor me susurró siempre por medio de su Palabra: «Bástate mi gracia, porque mi poder se perfecciona en la debilidad…». Y con este pensamiento, continué la capacitación. Dios colocó un «ángel» que me comprendía y ayudaba en lo posible. El Señor también me dio oportunidades maravillosas para honrarle a Él y exhibir su grandeza.

No sé la situación tuya, no sé cuáles son tus limitaciones ni en qué sentido te sientes o estás realmente limitado. Yo sé mi caso, pero el Señor nos recuerda nuestra hechura, nuestra condición y la razón por la cual nos hizo así. Somos vasos, aún más, vasos de barro. Un vaso es un recipiente, sirve para echar algo, para envasar algo que luego va a ser utilizado. Cuando el Señor decidió hacernos, no nos creó como ángeles; ya los ángeles estaban creados y no necesitó más (de hecho, nadie al morir se convierte en ángel; sea niño, sea adulto). Dios decide hacernos vasos de barro, hombres comunes, seres humanos con limitaciones, del polvo de la tierra. Todas las enfermedades pueden afectarnos, todas las limitaciones que trae la vida nos pueden tocar, todas las situaciones terrenales, pueden venir a nosotros, porque somos hechos de barro. Nadie está exento.

Lo increíble es que, al hacernos como vasos de barro, podemos recibir de Él su gracia, su misericordia, sus bendiciones y su disciplina. No se nos permite darnos gloria a nosotros mismos, porque un vaso de barro no puede glorificarse. Lo interesante es que como vasos de barro estamos destinados a ser llenados de Él y entonces exhibir su poder, su hermosura y su gloria. Podemos ver y mostrar en nosotros la excelencia de Dios, no nuestra excelencia ni nuestro poder. Dios nos usará, pero para Él; Dios nos capacitará en medio de todas nuestras limitaciones humanas, pero para mostrar la hermosura de nuestro Creador que se glorifica aun en nuestras debilidades.

A la vez que entendemos que somos vasos de barro, otra verdad relevante se asoma: somos vasos de honra. Cuando pensamos solamente que tenemos limitaciones humanas, puede que nos introduzcamos en un rincón, en una cueva a lamentarnos y a echarle la culpa a Dios o a otros. Pero una persona en una cueva, escondida, no puede exhibir nada de Dios. Por tanto, el Señor quiere que no pensemos en nuestra incapacidad, sino en su competencia, en su poder para hacer de nosotros los hijos de honra para lo cual Él nos plantó donde estamos. Dios te dará el brillo que Él quiere que tengas. Un brillo que solo viene de su gracia y su presencia en nuestras vidas. ¡Exhíbelo!

«Como el ciervo brama por las corrientes de las aguas, así clama por ti, oh Dios, el alma mía. Mi alma tiene sed de Dios, del Dios vivo; ¿Cuándo vendré, y me presentaré delante de Dios?».

Salmos 42:1-2 (RVR)

DÍA 28: BENDITA INCONFORMIDAD

Bramar es el mugir de un animal llamado ciervo. Este grito también caracteriza a otros animales. Pero en el caso del ciervo, es muy interesante. Brama o muge y grita por dos razones: una, es la sed desesperante, la necesidad de beber agua, y la otra, es cuando está en celo y emite un mal olor que puede atraer fácilmente a los cazadores o depredadores. Necesita lavarse, bañarse, quitarse el hedor. Ambas situaciones, si no son resueltas, puede llevar al ciervo a deshidratarse, a morir al ser fácilmente cazado. El bramido es un grito de desespero.

Con más frecuencia estoy mirando que, poco a poco, vamos volviendo a prácticas cristianas, disciplinas espirituales, que en los primeros tiempos de nuestro caminar en la senda de Cristo, nos dieron mucha fortaleza. El ayuno, los retiros de oración, los encuentros en campamentos, las jornadas de clamor.

No importa si es por Zoom, necesitamos volver a esas hermosas prácticas. Pero nada, ninguna práctica grupal, se puede comparar a la profunda necesidad espiritual que tenemos personalmente, por la presencia de Dios.

Cuando tu alma está sedienta, debe haber un bramido que salga de lo profundo de tu ser. Si ese grito desesperado no es emitido por nuestro espíritu, es, posiblemente, la señal de la autosuficiencia y de la conciencia endurecida porque creemos que ya estamos saciados y no tenemos necesidad de Dios.

La santa inconformidad la representa el salmista en esta frase: «Como el ciervo brama por las corrientes de las aguas, así clama por ti, oh, Dios, el alma mía. Mi alma tiene sed de Dios, del Dios vivo...». Estos versos deben invitarnos a querer más, a desear más.

Las corrientes de las aguas son el tipo de la presencia de Dios; el agua que va a saciar tu sed, mi sed; el agua que va a purificar nuestro mal olor por habernos embarrado en algún pecado, en alguna práctica no conveniente, o por habernos alejado con sutileza de esos momentos con Dios que nos daban la fortaleza en su presencia. Nos creímos llenos, satisfechos; nos acostumbramos a lo rutinario y nos fuimos alejando. De esta manera, podemos ser presa fácil de nuestros depredadores comunes que señala la Biblia: el mundo, la carne y el diablo. El hedor que se desprende de nuestra vida cuando dejamos de sentarnos a los pies del Maestro, puede atraer al que nos quiere hacer daño.

«Mi alma tiene sed de Dios… ***¿Cuándo me presentaré delante de Dios***?». Esa debe ser la inconformidad que nos caracterice, que no encontremos saciedad sino en la dulce presencia del Padre. Solo en Él podremos encontrar el agua corriente que nos sacie la sed y nos lave por completo.

«¡Pero no hay razón para que me inquiete! ¡No hay razón para que me preocupe! ¡Pondré mi confianza en Dios mi salvador! ¡Sólo a él alabaré!».

Salmos 42:5 (TLA)

DÍA 29:

¿ABATIMIENTO?

El mundo reposaba en una supuesta y silenciosa paz. Todo parecía tranquilo mientras cada uno desarrollaba sus labores e iba de acá para allá. Las naciones se ufanaban de sus logros tecnológicos y muchas de ellas, de sus avances en la ciencia y en nuevos saberes. De repente, ¡oh, sorpresa!, fuimos pillados con unas noticias que parecían ser inofensivas en los primeros instantes: un «pequeño» pueblo de una gran nación, había descubierto un extraño virus y los casos eran escasos y localizados.

Y colorín colorado, este cuento no se ha acabado. El mundo cayó abatido por un virus que nos doblegó a todos; un pequeño virus que puso al mundo de rodillas. Han pasado más de 36 meses desde que apareció el primer caso y todavía estamos abatidos. Todos sufrimos la pérdida de la tranquilidad por las inquietudes suscitadas por la situación. Millones de personas han caído en depresión debido a la alteración mental o afectiva a causa de tantas pérdidas en todos los sentidos. La angustia, la desconfianza en el futuro, han sido denominadores comunes en casi todos los habitantes del planeta.

Estás leyendo y sabes que ni tú ni yo hemos escapado a las consecuencias de esta pandemia. Hemos sufrido. Lo que parecía estar seguro en nuestras manos, desapareció y todavía estamos siendo afectados por las penurias que todo esto ha traído a nuestra salud.

Pero en el Salmo 42, con el que iniciamos este día, el autor reclama a su alma: «¿Por qué te abates, oh alma mía y te turbas dentro de mí?». La pregunta es encabezada por una expresión que indica causa o razón. ¿Habrá alguna causa, alguna razón por la cual debamos estar abatidos o turbados? ¿Será que el salmista no sabe lo que es una pandemia como la que hemos vivido? ¿No es suficiente razón una situación así para caer abatidos?

Analizando la pregunta del salmista, tengo que reconocer que bajo este sol y sobre este suelo, no debería haber razón alguna para abatirnos. La turbación interna que podamos estar experimentando se sosiega en Dios, por Dios. Las palabras que siguen a las preguntas del salmo nos dejan ver que esperar en Dios confiadamente, es la única solución. Esa espera nos llevará a alabarle de nuevo. La versión de la Biblia del lenguaje actual es más clara y sí, nos lleva a concluir que no hay motivo para dejarnos caer.

No tengo la menor idea de lo que estás atravesando. No tienes la menor idea por lo que yo también estoy pasando, pero la realidad es que tanto tú como yo, podemos reposar en Dios. El Dios de nuestra salvación, el que nos sacará airosos de este abismo. Salvar es librar de un peligro o solucionar un problema que parece insuperable y, en eso, el Señor Jesús es el especialista.

La invitación de la Palabra de hoy es a reposar y descansar en Dios, darle una orden al alma y recordarle que debe esperar en Dios. Lo alabaremos, lo exaltaremos cuando hayamos visto el propósito para el cual se nos ha permitido pasar por la situación que estemos viviendo.

«Examíname, oh Dios, y conoce mi corazón; pruébame y conoce los pensamientos que me inquietan. Señálame cualquier cosa en mí que te ofenda y guíame por el camino de la vida eterna».

Salmos 139:23-24 (NTV)

DÍA 30: SU CONTROL DE CALIDAD

Todas las mañanas, la tía de las chicas hacía inspección en el seminario de nuestros dormitorios y de la tarea comunitaria que nos correspondía cada semana. Era el momento más tedioso para todas. Llevaba, casi literalmente, una lupa para detallar los «errores de limpieza». Luego pasaba el dedo por todas las superficies. ¡Cómo odiábamos eso! No recuerdo bien si la odiábamos a ella también, pero lo cierto es que ese control era aborrecido por todas. Si el dedo daba señal de polvo o sucio, ¡a repetir el proceso! Y nosotras llenas de clases y tareas.

David, en uno de los escritos más maravillosos, el Salmo 139, termina invitando a Dios. Sí, invitando a Dios a examinarlo. Yo me pregunto: ¿tendremos nosotros la suficiente osadía para invitar a Dios a pasarnos por un colador, a pasar su dedo por nosotros a ver cómo está nuestra limpieza interior? Sin lugar a dudas, es desafiante.

El salmista invita a Dios a examinarlo por completo, pero sobre todo a ver su corazón. Esa parte de nosotros de donde salen todos los sentimientos, la parte más engañosa de nuestro ser, lo más perverso. Cuando dice eso, está dispuesto a que Dios penetre en lo más profundo y pase un *scanner*. Hay exámenes que son más superficiales que otros, pero siempre que se quiere ver realmente cómo está todo por dentro, se requiere de pruebas y aparatos más sofisticados. Ese es el Señor, con su lupa divina.

«Conoce mis pensamientos» ¿Quién más que el Señor podrá conocer mejor nuestros pensamientos? Toda acción nace allí, en la mente, luego pasa al corazón y a la ejecución, o es frenada antes de que llegue a realizarse. Si tú y yo logramos que Dios pruebe nuestros pensamientos a ver si están conforme con la mente de Cristo, entonces estamos en un buen camino. Probar la mente y el corazón, nos puede librar de cualquier consecuencia dañina para nosotros y los demás.

«Señálame cualquier cosa que te ofenda». Por supuesto, después de un examen profundo, el Señor va a descubrir cualquier cosa que lo ofenda. Es allí donde se encuentran los malos o buenos deseos, la miseria humana, los deseos de venganza, de pagar de la misma manera como nos pagaron, la burla, el rencor, el odio, la envidia. Toda la bajeza humana nace en la mente y el corazón. Por tanto, debemos estar listos para cuando Dios nos señale cualquier irregularidad encontrada en nuestro interior.

«Guíame en el camino de la vida eterna» es una muestra de rendición al Señor. Es como si cayéramos de rodillas vencidos por el resultado del examen al que fuimos sometidos. No tengo escapatoria. Es como si le dijéramos al doctor: «Usted sabe qué es lo mejor para mi salud, así que, proceda, voy a firmar ese documento».

Pedirle a Dios que nos guíe en el camino eterno en este sentido, es entender que nuestra mente y corazón no andaban muy bien y que después de ver lo que ofendía a Dios, la única salida es dejar que Él nos dirija. Nuestro camino no nos llevaba a nada bueno, pero el camino de la vida eterna de Dios, sí. Pues nos lleva a su presencia. Sus caminos son perfectos y son eternos. El camino de la vida eterna es Jesús. Su mente, corazón, su carácter es nuestro anhelo. Debemos ser como Él.

«Echa tu pan sobre las aguas; porque después de muchos días lo hallarás».

Eclesiastés 11:1-8

DÍA 31: COMO EL BUMERÁN

El bumerán es un arma bien interesante. Se lanza en movimientos giratorios y puede regresar a la persona que lo lanzó. Y, precisamente, es la figura que quiero utilizar para compartir este verso de Eclesiastés y la meditación de hoy.

Se cuenta que, una vez, se inventó un altar muy particular. Los lugareños que lo construyeron lo llamaron «el altar de las lágrimas». El propósito era que todo aquel que deseara llorar por cualquier pena, fuera a ese altar. Solo era para eso, no para celebrar nada ni adorar a nadie. Era para llorar.

Eso me hace pensar en el sufrido mundo en el que estamos viviendo, un mundo lleno de lágrimas y dolor. Rompe el alma ver cómo el mundo gasta más en cuidados y alimentos para mascotas que para alimentar a tantos niños hambrientos. Importan más los animales que la gente hecha a la imagen de Dios. Por doquier, el mundo está lleno de dolor. Las injusticias nos hacen llorar y necesitamos ir a ese «altar de las lágrimas». A mi entender, ese altar estaría lleno de niños solitarios y hambrientos, de madres, de jóvenes incomprendidos y llenos de amargura. Hoy, en este preciso día, el «altar de las lágrimas» no tendría cupo y las filas serían interminables por tantas pérdidas.

Cuánta compasión y ayuda se necesita hoy. Una mano que se extiende, un pan que se comparte. «Echa tu pan sobre las aguas porque después de muchos días lo hallarás», nos habla de eso. La mano que estiras para ayudar, ese donativo a tiempo, esa comida cuando parecía que un hambriento se iría a la cama o al rincón de nuevo, sin comer nada. Extender su mano al pobre y al menesteroso, eso es echar nuestro pan sobre las aguas.

No creo que alguien, cuando ofrece o comparte algo a un necesitado, está esperando recompensa. He escuchado la frase: «Las manos que dan, esperan». No estoy de acuerdo con ello y es mi personal opinión, pero lo dulce de todo esto de compartir, es que, un día, la ayuda regresará a nosotros. Es un principio que encontramos en la Biblia y a través de la vida: siembra y cosecha. Lo he visto, lo he vivido y experimentado. Es posible que pasen años y años, pero siempre regresará a ti el bien que hagas por un necesitado, y no importa qué ayuda y no importa qué tipo de necesidad. Es como la ley del bumerán: lo que lanzas, regresará a ti.

Ve y prueba echando un pedazo de pan sobre el agua. Regresa a los pocos o algunos días. Allí estará, el agua lo regresa, abultado, embuchado, ahí estará.

Nunca subestimes el ayudar a otros, especialmente, a aquellos de lo que sabes que, posiblemente, jamás te podrán devolver lo que sembraste en ellos. Déjale el obrar al Señor. Cuando buscas extender la mano a alguien que no te puede devolver con creces lo que diste, ya tienes tu recompensa.

Es posible que tú y yo podamos colaborar para que el «altar de las lágrimas», cada día, esté más vacío, que vaya menos gente a llorar sus miserias. «Echa tu pan sobre las aguas, te aseguro que después de muchos días lo hallarás». Mientras puedas hacerlo, dale tu mano al caído, Dios se encarga del resto.

«Mas tú, cuando ores, entra en tu aposento, y cerrada la puerta, ora a tu Padre que está en secreto; y tu Padre que ve en lo secreto te recompensará en público».
Mateo 6:6

DÍA 32: EN SECRETO

Narnia, libro del apologista cristiano C. S. Lewis, es un conjunto de crónicas que nos llevan a un mundo maravilloso. Recordemos un poco uno de los medios para entrar a ese mundo, el ropero; famoso lugar secreto construido precisamente de una madera denominada «Narnia». Al entrar al mundo de Narnia, los niños están expuestos a todos los secretos. Es una historia aparentemente llena de fantasías, que se puede relacionar, con la historia de Cristo: Aslan es la personificación del Altísimo.

La vida se vuelve difícil en ocasiones, amigo; la sequía emocional, espiritual y el tedio, es un hecho que muchas veces no podemos negar. Independientemente de lo encumbrado que uno pueda estar, cada cierto tiempo, somos visitados por un bajón que nos deja en el fondo. No sé si tú has pasado por algo así. Es posible que existan seres excepcionales en la vida cristiana que nunca experimentan un momento de sequía en el cual parece que no llega la Palabra, que la oración no tiene sentido, y parece que nada nos levanta. Ahí es cuando decimos de nuevo: «Soy como el búho de las soledades».

¿Qué ha pasado? ¿Habrá alguna aparente causa de ese enfriamiento del alma? Es posible que sí, que hay alguna razón externa. Pero es mucho más que eso, hay algo en el interior de nosotros mismos que nos ha empujado a esa situación.

Jeremías, en el libro que lleva su nombre, nos hace ver las palabras que el mismo Dios dice a los responsables de mostrar su voz al pueblo: «No entraron en su secreto». Es decir, se olvidaron de ese encuentro diario y profundo con Dios donde Él les revelaba las verdades que los iban a sostener a lo largo del tiempo y que, luego, serían compartidas con el pueblo. Sí, porque nada es para nosotros solos, Dios nos da para dar, para compartir y edificar a otros.

El secreto de Dios es ese lugar, ese «sistema» establecido por Él para que le conozcamos mejor; donde nos vaciamos de nuestra sabiduría terrenal, donde vertimos toda nuestra aparente suficiencia y dejamos que Él nos dé lo suyo. Su Palabra viene a nosotros con una luz especial, haciéndonos ver primero nuestra miseria como humanos y dejando a sus pies todo lo que carcome nuestra alma y no nos permite ver la grandeza y las bondades de nuestro Padre.

Cuando entras en el secreto de Dios, hay que dejar caer junto con nuestras lágrimas, todas las amarguras, las rencillas, las inconformidades, las quejas y los miedos. Lo hermoso es que el Señor permite que le llevemos todo eso, allí al secreto. No es necesario dejarlo fuera de la puerta, Él recibe todo lo nuestro.

En otro orden, en el secreto de Dios hay algo más que nos garantiza que recibiremos lo que está accesible solo para nosotros. Solo nosotros tenemos acceso a esa información, eso se llama confidencialidad. Dios y yo somos confidentes. Las verdades que el Señor nos quiere mostrar, a veces, son solo conocidas a través de la confidencialidad. Él lo quiere compartir solo conmigo porque es a mí a quien quiere hablarle. Esto tiene que ver mucho con el llamado particular que Dios nos hace y la manera cómo Él quiere que le sirvamos. Nadie más nos ha llamado, nadie más nos ha establecido; es su llamado, es su voz en nosotros. Es intransferible, es irrevocable, porque viene de Él. Y esto, solo lo sabemos entrando en su secreto, en nuestro andar diario con Él.

«Nadie muestra más amor que quien da la vida por sus amigos».
Juan 15:13 (TLA)

DÍA 33: POR AMOR

La emblemática canción dominicana sobre el amor se titula, precisamente, *Por amor*. Ha sido interpretada por artistas de todas las esferas, a lo largo de cincuenta años. Escrita, compuesta, arreglada y cantada por primera vez por el maestro Rafael Solano, que hace su entrada con una hermosa declaración: «Por amor se han creado los hombres en la faz de la tierra», luego dice: «Por amor fue una vez al calvario con una cruz a cuestas». Ambas expresiones hablan de una creación por amor y una salvación por amor. La canción repite varias veces la frase «por amor». Es una composición romántica, pero no deja de decir hermosas verdades que comienzan con Dios.

Dios es la expresión máxima del amor. Todo lo que hizo por nosotros, lo hizo por amor. La mayor manifestación de ese amor fue enviar a su hijo Jesucristo a morir por nosotros. Y todo eso fue por amor.

En Juan 15:13 (Traducción del Lenguaje Actual), Jesús expresa que «nadie tiene mayor amor que quien da su vida por sus amigos». No encontraremos fácilmente entre los humanos que habitan el planeta alguien que se ofrezca para morir o entregar su vida por sus amigos. Jesús lo hizo y fue por amor.

Pero, a la vez, podemos recordar algunas verdades encontradas en la Escritura referente a los amigos, a la amistad. Por ejemplo: «El hombre que tiene amigos, debe mostrarse amigo; y amigo hay más unido que un hermano», Proverbios 18:24 (RV 1960).

Es posible que no ofrezcamos la vida por nuestros amigos literalmente hablando, pero podemos manifestar nuestro amor a los amigos de una manera tangible. Como siempre repito, el amor no está sobreentendido, hay que mostrarlo. Se demuestra en los lindos momentos, donde todos parecen ser amigos. Pero se muestra más cuando todos huyen, cuando parece que estamos en ruinas, cuando se nos acaba todo lo que materialmente podemos ofrecer, cuando estamos enfermos, desolados o tristes. Los amigos no huyen cuando el otro está en baja, cuando se nos acaban las baterías, cuando no podemos ofrecer sonrisas. Un amigo debe mostrarse amigo y en tiempos difíciles, ser como un hermano o más aún.

Yo tengo ese tipo de amigos. Como dijo C. S. Lewis (de nuevo él): «Hay que elegir las palabras con la misma cautela con que se eligen los amigos». Yo podría voltear la frase: «Hay que elegir a los amigos con la misma cautela con que se eligen las palabras». Una de las mayores bendiciones que tengo en la vida es el cofre donde están mis amigos, son selectos. Usted dirá: «Pero yo te conozco muchos amigos». Es cierto, si lees esto, eres mi amigo, soy tu amiga y estás en mi grupo. Pero soy cautelosa al escoger a los amigos y puedo decir que ese ramillete ha traído mucha bendición a mi vida. En ese mismo sentido, yo quiero ser una bendición en la vida de ellos. Cada día trato de agregar valor a aquellos que considero importantes para mí. Es posible que no dé mi vida por mis amigos, pero sí puedo demostrar de las mejores maneras posible lo valiosos que son para mí.

Un día de estos, no podremos escapar de la fecha en la que casi mundialmente se recuerda la amistad y el amor. No necesariamente estamos hablando de enamoramiento, sino del amor. Dios es amor y pide que nosotros también amemos porque Él nos amó primero. Veremos manifestaciones sinceras y no tan sinceras de cariño, amor y amistad. Te invito a mostrar a aquel que es la mayor revelación del amor de Dios, Jesucristo.

«Así que, si el Hijo los hace libres,
ustedes serán realmente libres».
Juan 8:36

DÍA 34: ATACADO POR LA BARRACUDA

Porque ser libre no es solamente desamarrarse las propias cadenas, sino vivir en una forma que respete y mejore la libertad de los demás.
Nelson Mandela

Uno de los seres marinos del que menos conocemos es, tal vez, la barracuda. Es posible que hayamos escuchado hablar de ella, pero puede que muchos ignoren cómo actúa, especialmente, cómo ataca. Mi amiga Wiki me contó algunas cosas interesantes:

La barracuda se considera un pez grande que puede llegar a medir hasta dos metros. Actúa con sigilo ante una presa. Le atraen los colores brillantes, tanto de los peces como de cualquier otro elemento que quieran atacar ¿Cómo ataca? Lo hace en aguas no profundas, pues su brillo se puede confundir con el brillo del sol sobre el agua. Ahí selecciona su presa y ataca. A veces tiene éxito, otras no. A veces, los peces la ven; otras veces no, porque ella oscurece su vientre antes de la picada mortal. Puede que veamos un pez atacado por una barracuda y que logra escapar, pero llevará en él la marca de la mordida por el resto de su vida.

Vienes y vengo de un pasado, de historias, de experiencias vividas que han dejado una marca en nuestra memoria, en el corazón y muchas veces una consecuencia moral o social. Pocas personas pueden decir que se han librado del gusanillo de un mal recuerdo. Hemos sido heridos, hemos herido a otros, hemos recibido posiblemente una mordida casi mortal que nos recuerda dónde estuvimos y el mundo en el cual nos movimos.

Eventualmente, una persona tiene un encuentro con Jesús, el amante Salvador, con su ternura y amor borra todas sus manchas, pecados, yerros y la levanta de sus caídas. Esa persona ha sido libertada, liberada. Como dijo Jesús mismo: «Si el Hijo os libertare, seréis verdaderamente libres». Eso es indiscutible, la sanidad espiritual es un hecho y la persona ha sido reconciliada con el Padre.

Eso, posiblemente, te pasó a ti, me pasó también a mí. ¡Aleluya! No hay poder humano que pueda arrebatar lo que hemos recibido de Dios, por su gracia; nada ni nadie nos puede separar del amor de Dios.

Entonces sucede algo que no esperábamos, un conflicto: yo, mi memoria y mi conciencia. Aprovechándose la barracuda, mirando el brillo que ahora tenemos, la limpieza que disfrutamos, la hermosura con la que hemos sido vestidos, viene a confundir el brillo de su piel con el nuestro. Y nos quiere atacar. Comienza con vigilancia y sigilo con pequeñas y casi imperceptibles acusaciones, recuerdos, remordimientos. Va y viene, se acerca, se aleja, nos vigila. De repente nos hace sentir culpables, heridos, sucios. La barracuda ha lanzado una mordida que puede ser mortal para tumbarnos y dejarnos drenados porque no podemos humanamente luchar contra semejante atacante.

Puedes librarte de ella, tienes el poder que viene de Dios para luchar y triunfar contra todos los ataques, no importa qué tipo de barracuda te intercepte. Resistir, resistir, con la palabra de Dios, usando el poder de la palabra de Dios. Cuando puedas contraatacar usando lo que Jesús te ha dicho sobre la libertad que Él te ha dado, úsalo contra la barracuda.

Tú puedes ser tu propio enemigo, tu memoria, tu mente. Por eso menciono esta frase que dijo Nelson Mandela: «Si quieres hacer las paces con tu enemigo, tienes que trabajar con tu enemigo. Entonces se vuelve tu compañero». También dijo: «Ser libre no es solamente desamarrarse las propias cadenas, sino vivir en una forma que respete y mejore la libertad de los demás». El enemigo eres tú mismo, con quien tienes que luchar y trabajar entregando al Señor todo lo que te moleste. Tienes que desamarrarte de tus propias cadenas. Tienes que ser tu mismo compañero, porque no es Jesús quien te está acusando, eres tú mismo. Lucha contra esa barracuda que no te deja nadar. Hay que liberarse de las propias cadenas.

Si el Hijo te libertó, eres verdaderamente libre. Has conocido la verdad y esa verdad te ha libertado, por tanto, que nadie te esclavice, ni tú mismo.

«Cuando alguno de ustedes ore, hágalo a solas. Vaya a su cuarto, cierre la puerta y hable allí en secreto con Dios, su Padre, pues Él da lo que se le pide en secreto».

Mateo 6:6 (TLA)

DÍA 35: MODO SILENCIADO

Imagínate que estás en un lugar donde lo menos que deseas es que la gente se entere de tus asuntos. De repente, por cosas de la vida, curiosidad o la necesidad, enciendes tu teléfono y buscas un perfil cualquiera, revisas el estado de tu amigo o compañero y una música emerge de ese nuevo post que visualizas, invadiendo el espacio donde te encuentras, perturbando tu calma y develando tus intenciones o acciones a las personas que se encuentran junto a ti. Realmente, no existe privacidad en el teléfono.

Ruidos, bulla, estruendo. Nuestro mundo se ha convertido en eso, una competencia de quién hace más ruido o quién publica más. Incluso te lastimas los oídos y ojos con el bumerán de fotos y videos constantes.

Sin embargo, encontramos cada vez en la Palabra que Dios es amante del silencio, del hablar con Él en secreto. El mundo de los sordos no tiene que ser necesariamente aburrido por el hecho de no escuchar como lo hace el resto. Ese silencio es necesario para todos nosotros en algún momento y hay que disfrutarlo plenamente, ya que es otra forma de escuchar.

Orar en privado, estar a solas con Dios, en silencio, en secreto, es una disciplina necesaria y urgente hoy más que nunca. Jonathan Edwards la llamaba «la oración secreta». Él fue un pastor metodista que nombró a la oración privada «la cámara secreta». A la vez David MacIntyre, un pastor congregacionalista inglés llamaba a esto «la vida secreta de oración». Hemos hablado anteriormente sobre el tema, pero volvemos al asunto por lo crucial que es y lo complicado que resulta en el día a día.

Jesús dijo que cuando oremos, entremos a nuestro aposento y, una vez cerrada la puerta, hablemos al Padre que está en secreto, pero ¿por qué al Padre le gusta estar en silencio y en secreto con nosotros? Por lo mismo mencionado arriba: porque la bulla y los ruidos del mundo, del teléfono, de la gente, de las redes, han opacado la voz de Dios, no permiten escuchar con atención lo que Él tiene para decirnos. Él no quiere competir con nada, pues es su voz lo que necesitamos oír. Nos han confundido. El mundo nos ha hecho creer que es su ruido lo más importante. Hemos estado estresados porque no podemos mantener la competencia con los que más bulla hacen. A veces, nos sentimos desfasados y la verdad, nuestros tímpanos gimen y claman por un segundo de silencio. Por esto vuelvo a sugerirte, amablemente, que regreses al silencio de la «cámara secreta», de la «vida secreta de oración», al «cuarto de guerra» y, como diría Jesús, a tus aposentos, con la puerta cerrada.

Nada es comparable a los momentos que pasamos en silencio con Dios, solo escuchándolo hablar a nuestra alma. Pídele al Señor que todo tu ser esté en silencio con Él porque en Dios está tu esperanza. Anda, no te dejes apabullar por los ruidos de este siglo y las competencias estruendosas que te quieren confundir. El Señor te espera con su silbido apacible. Apaga la bulla, ponla en modo silencio y escucha a Jesús. Unos momentos con el Señor a solas, nos darán las fuerzas para enfrentar todos los metales que resuenan allá afuera.

«Nada hagáis por contienda o por vanagloria; antes bien en humildad, estimándoos inferiores los unos a los otros: No mirando cada uno a lo suyo propio, sino cada cual también a lo de los otros».

Filipenses 2:3-4 (RVA)

DÍA 36:
LA ESTIMA AL OTRO

A medida que el covid-19 arrasaba, las advertencias eran las mismas en todas partes: QUÉDATE EN CASA. Eso se convirtió en el *slogan* que todos repetían mundialmente. El miedo a salir y a ser contagiados, sumergió a las personas en una situación crítica mentalmente. Sin embargo, a todos los creyentes nos encendió una chispa de querer más que nunca compartir con Jesucristo.

Probablemente, nunca la iglesia ni las personas invirtieron tanto en tecnología y comunicación. Fue en este período en el cual comenzó la guerra de micrófonos y transmisión. Personas que nunca habían estado frente a unas cámaras, se volvieron expertas. Otras que hacía tiempo no asistían a una iglesia, ahora podían ir a todos los servicios que quisieran, debido a todas las transmisiones *on-line*.

La pregunta mía era y sigue siendo: ¿Es posible que, ante este auge de exposición pública *on-line*, de alguna forma hayamos entrado en un sistema de competencia?

Me imagino que, al leer mi pregunta, te la estés ya respondiendo. Personalmente opino que la respuesta es afirmativa, ya que al querer compartir las buenas nuevas, nos convertimos en competitivos los unos con los otros, porque todos «queríamos ser escuchados y atendidos de manera virtual».

Probablemente, alguno está diciendo que no fue así en su caso; sin embargo, a los mejores también les pasó. Pablo, el Apóstol, lo recalca en la carta a los Filipenses: «Había competencia y vanagloria tales, que unos se estaban considerando superiores a los demás, y muy probablemente, era por lo que hacían, por sus obras». Es interesante la manera cómo la Versión Antigua nos dice que sentirse inferior por callar nuestras obras, no es realmente inferioridad, sino todo lo contrario, asimismo, debemos considerar también que tenemos que buscar el bien de los demás y no solamente el nuestro. Realmente, no importa si los demás parecen superiores a nosotros, eso que muestran no es realmente lo que son. Debemos, en tal sentido, mantener nuestra humildad.

Este lenguaje es muy difícil de manejar, ya que hoy en día el «humanismo» nos ha dicho que nadie es mejor que tú y que la individualidad prepondera ante cualquier situación.

Entendiendo esto, es normal haber caído en esa competencia que nos llevó a vanagloriar a aquellos que lo hacían mejor o quienes gastaban más recursos para brillar en sus proyectos. Un asunto que inició para glorificar a Dios y compartir a Cristo, reuniendo a la Iglesia en las casas, poco a poco se fue convirtiendo en una razón de gloria humana o institucional. Es por eso que regresamos a nuestros versículos: «Hagamos todo con humildad y consideremos también el trabajo de los demás, el esfuerzo de otros, teniendo en nuestra mente que nosotros no somos superiores». El verso cinco, nos dice quién es el modelo a seguir para adquirir esta conducta de humildad y sumisión: Cristo.

Que, en nuestra predicación, nuestros eventos para ayudar, para crecer, entrenar o capacitar a otros, lo que sea que hagamos, desaparezca la gloria humana y exaltemos realmente a Jesucristo, el motivo y la razón de nuestro andar, de nuestro actuar. Sigamos haciendo todo lo que hasta ahora estamos haciendo para dar a conocer las maravillas de Jesús, pero siempre con el sello de la humildad, y de esa forma, nos ayudaremos los unos a los otros a hacerlo más excelentemente cada día para la gloria de Dios.

«No me elegisteis vosotros a mí, sino que yo os elegí a vosotros, y os he puesto para que vayáis y llevéis fruto, y vuestro fruto permanezca; para que todo lo que pidiereis al Padre en mi nombre, él os lo dé».

Juan 15:16

DÍA 37: MEJORANDO EL FRUTO

Esparcí las pequeñas frutas que recogí en un terreno. Luego, con el paso de los meses, comprobé que las frutitas estaban más grandes y que las ramas colgaban de manera que casi tocaban el suelo. Esta cosecha era tan abundante y las frutas eran tan grandes respecto a la primera vez, que me dije: «Esto hay que resolverlo, no habrá espacio para más». Así que las podé.

Dos años atrás, había decidido sembrar una simple plantita de arándano, también conocida como *cranberry*, en un espacio de jardín que apenas medía medio metro y jamás imaginé lo que vendría. Con el paso del tiempo, de un solo ramito que coloqué, recogí 216 frutitas, dejé madurando unas 150 más y el pequeño jardín se llenó de florecillas verdes que en un futuro me causarán la misma satisfacción.

Esa escena en mi diminuto jardín me hizo recordar una de las citas que más me impresiona de las narraciones de Jesús, mi narrador favorito. En Juan 15: 1-16, va describiendo el proceso de fructificar: primero dice que el ser pámpano de la vid, ya es suficiente para dar fruto. A continuación, expresa que, al ser limpiados por el viñador, estamos listos para llevar más fruto. Este acto hermoso se logra a través de la limpieza que produce su Palabra. Después indica que debemos permanecer en Él, depender de Él, mantenernos pegados a Él, que es la vid verdadera. Esto trae como resultado fruto abundante.

Como pámpano o rama, esta permanencia en Dios tiene que ser acompañada del amor, de amarnos los unos a los otros y cumplir los mandamientos del Padre. Sin embargo, para los que tienen santa inconformidad porque quieren parecerse más a Jesús cada día, todavía hay un nivel de fruto.

Podemos llevar fruto permanente, fruto que es producido durante todo el año, no importando el clima o las circunstancias. Ese efecto se produce por el hecho de haber sido elegidos por el Señor, separados por Él para que seamos árbol fructífero durante todo nuestro andar en la vida en Cristo y poder alimentar también a otros. El labrador nos ha injertado en la vid verdadera de manera que no seamos arrancados, sino limpiados, mejorados y arraigados cada día en Él.

Independientemente del tipo de árbol que seamos, la exigencia es la misma: dar fruto y que sea el mejor fruto. Será semejante a aquellos arándanos que crecieron casi el doble respecto a los primeros y cuya cosecha fue más del triple. Debemos dar y ser lo mejor. Servir con excelencia, sacar el mejor fruto de la vid en la cual hemos sido injertados. Si al final no podemos ser árboles frondosos, sino que somos apenas un musgo o un simple arbusto, desde allí, podemos ser lo mejor para Dios.

«El ángel de Jehová acampa alrededor de los que le temen y los defiende».
Salmos 34:7

DÍA 38: GUARDADO EN ÉL

Aquello parecía una locura: después de un trasbordo en mi viaje de regreso, terminando una jornada de capacitación del ministerio, un borracho estaba bebiendo como loco y hablando hasta por los codos. Contaba historias de sus fechorías violentas, viajes, sustancias que consumía, los tiros que había recibido y las heridas que había realizado a otras personas. Hablaba, amenazaba, gritaba, reía, lloraba. Lo peor de todo era que tocaba y zarandeaba al conductor del único autobús que pude encontrar regresando de un taller de evangelismo al extremo del país.

Más de una persona quería salir volando por las ventanas, pero no había opción. Pedían subir la música porque nadie soportaba a ese hombre y todos gritaban al conductor que lo dejara en alguna estación, sin embargo, el miedo le ganó al conductor del autobús. Entonces llegó un momento en el que la cosa se puso fea porque el tipo amenazaba al chofer y le decía barbaridades. Fue ahí, cuando mi vida peligraba, que comencé a orar en voz alta; levanté mis manos y la gente comenzó a callarse, pero el borracho no. Luego, entoné temas religiosos e, incluso así, el hombre no dejó su verborrea. Sin embargo, el estar ronca por el ensayo, conmovió a algunos pasajeros que empezaron a unirse. Y, aunque el hombre no se callaba, entendí que el Ángel del Señor acampaba a mi alrededor y descansé en Dios, hasta llegar a mi destino. Aquel señor nunca se tranquilizó, hasta nuestra llegada estuvo violento, pero nadie salió lastimado, Dios nos guardó.

Sí, el devocional de este día es un testimonio. El ángel del Señor acampa alrededor de los que le temen y los defiende. Nunca le reclamé a Dios: «Pero mira, Señor, soy tu hija y vengo de un maravilloso evento entrenando a tu gente para compartir las buenas nuevas, tengo derecho a que me protejas», nunca le solicité eso a Dios. Conozco que el Señor es soberano y hace lo que quiere y sé que Él cumple sus promesas. Yo no tengo que reclamar, solo usar su Palabra y creerle a Él.

En esta ocasión, recordé esa declaración bíblica que dice: «Irá andando y llorando el que lleva la preciosa semilla, más volverá a venir con gozo trayendo sus gavillas». La jornada de los dos talleres fue preciosa ese fin de semana y venía muy gozosa, pero, por supuesto, «alguien» no podía quedarse tranquilo y quiso estorbar. Sin embargo, Dios es Todopoderoso y ni el desagradable evento en el bus pudo robar mi alegría por lo que el Señor hizo hoy a través de este tiempo de capacitación ¡Aleluya!

«Por nada estéis afanosos, sino sean conocidas vuestras peticiones delante de Dios en toda oración y ruego, con acción de gracias».
Filipenses 4:6

DÍA 39:
SUELTA LA PIEDRA

Estás tensando un tirapiedras, una flecha en el arco. Estás listo para soltar, para disparar. Te mantienes concentrado para atinar al blanco mientras todo está tenso, el instrumento, tu brazo, el ambiente. Cuando sueltas la piedra o la flecha, se libera la tensión que había. Reposo, descanso. Hayas alcanzado o no el blanco u objetivo, la tensión se soltó.

Sucede de la misma manera, cuando nosotros estamos esperando algo por lo cual hemos estado pidiendo. No es diferente a cuando esperamos el resultado de un examen médico. Mientras pasa el tiempo y esperamos ese resultado, parece que nos vamos a enfermar más por la espera que por la misma enfermedad.

Voy a llevarte a un caso específico: tienes un viaje y en esta época para poder salir necesitas una prueba negativa de covid, si no, no hay forma. Con tus maletas listas y habiendo seguido las reglas, llega el día en el que vas a hacerte tu prueba cuyo resultado te entregarán en unas 8 horas mínimo. Con este marco anteriormente descrito, cómo vives y enfrentas esas horas de espera sabiendo que ya estás con todo listo, personas esperando, gastos hechos, permisos para salir solicitados y concedidos.

En ese momento el arco está entesado y el tirapiedras listo para disparar, entonces, viene a tu mente y llena todo tu ser el estrés. Fíjate, que ese afán no tiene nada que ver con el pasado, sino con el futuro próximo. El estrés es producto de muchos factores externos que nos desencadenan una tormenta en el interior. Esto, muestra una falta de confianza en el control de las situaciones.

Encontramos en las escrituras la solución perfecta para esos momentos cuando nos queremos comer las uñas: «Por nada estéis afanosos. Nada quiere decir nada. O sea, no hay cosa alguna que nos deba provocar afán o ansiedad».

La solución que el Señor nos presenta es «hacer conocer a Dios nuestras peticiones» con la actitud correcta: oración, súplica y acción de gracias. Ese trío perfecto nos ayudará a liberar la tensión interna que se manifiesta también en acciones externas. Cuando estamos afanosos, lo dejamos ver en cualquier forma de conducta, y, a veces, no solo nos afecta a nosotros, sino que también lo «paga» cualquiera que esté cerca.

Da a conocer al Padre lo que te hace sentir afanoso o tenso. Háblale con súplicas, Él escucha. Pero, a la vez, ora dando gracias en esos momentos en que la espera no es dulce. Nuestro Dios se encargará de cuidar nuestro interior, nuestra salud emocional y espiritual. Solo Él puede controlar lo que yo no puedo.

«Y de igual manera el Espíritu nos ayuda en nuestra debilidad; pues qué hemos de pedir como conviene, no lo sabemos, pero el Espíritu mismo intercede por nosotros con gemidos indecibles. Mas el que escudriña los corazones sabe cuál es la intención del Espíritu, porque conforme a la voluntad de Dios intercede por los santos».

Romanos 8:26-27

DÍA 40: ORA Y DA GRACIAS, AUNQUE NO ENTIENDAS

No siempre tomamos las decisiones correctas, a veces somos empujados por sentimientos que no han sido evaluados y nos equivocamos. Muchas veces perdemos el enfoque de nuestra vida, de nuestros sueños y anhelos, eso se refleja en las decisiones que tomamos.

Cuando nos equivocamos en asuntos cruciales de la vida, como una carrera, un noviazgo, un matrimonio incluso, no quiere decir que todo esté perdido. Tenemos, por dichos motivos, un sentimiento errado de culpa que imposibilita que salgan las palabras adecuadas en nuestras oraciones. Cuando eso sucede, es necesario recordar lo que nos dice la Palabra, ya que hay uno que sabe exactamente lo que nuestro espíritu necesita; entonces, el Espíritu de Dios nos escudriña y lleva al Padre la oración correcta.

En toda situación, por más negativa que sea y por más tristes que sean las consecuencias de nuestros errores, debemos dar gracias a Dios. Esa misma gratitud al Señor por perdonarnos, por enfocarnos y guiarnos, hará que sometamos nuestra voluntad a Él, estando sujetos y caminando con Él para que guíe todos los pasos de nuestra vida.

Las lágrimas, a veces, delante del Señor son las mejores compañeras. Cuando el Espíritu nos toca, sigamos sus impulsos, hagamos lo que nos guía a hacer. No importa cuántas veces nos equivoquemos en el pasado, porque nuestro pasado no determina el futuro, lo determina el Señor. Ve al trono de la gracia y deja todo lo que te aqueja allí. Ve con gratitud, ve con actitud de obedecer.

¿No sabemos qué pedir? Estamos tan afectados a veces por lo que nos sucedió en el pasado que nos bloqueamos, pero no debemos desistir.

«—Hombres de poca fe —les contestó—, ¿por qué tienen tanto miedo? Entonces se levantó y reprendió a los vientos y a las olas, y todo quedó completamente tranquilo».

Mateo 8:26

DÍA 41: MAESTRO, SE ENCRESPAN LOS VIENTOS

Qué fácilmente nos relajamos al sentarnos en un avión después de las corridas maratónicas que damos en un aeropuerto antes de llegar allí, debido a todos los requisitos impuestos en los últimos años. Luego del septiembre 11 ya no es lo mismo viajar, mucho menos después que entró el SARS COV-II a nuestro planeta.

Pero llegamos al avión, nos sentamos y respiramos; nos relajamos hasta el momento siguiente: la entrada al país y el proceso de migración y aduana. ¿Es posible ir tranquilos en un vuelo confiando en un piloto y copiloto que ni siquiera conocemos?

Cientos de textos bíblicos nos hablan de la confianza en el Señor en medio del peligro, pero solo quiero escoger uno, el Salmo 25: 1-5: «A ti, oh Jehová, levantaré mi alma. Dios mío en ti confío… Porque Tú eres el Dios de mi salvación; en ti he esperado todo el día».

Escribo esto, estando en un avión y justo en este instante, el aeroplano se prepara para despegar. Entonces, se eleva y los teléfonos celulares deben guardarse. El mejor momento de un vuelo para mí pasó: el paseo por la pista. Ahí es que duermo y me relajo después de todo el ajetreo. Me encanta ese momento. Pareciera que pasaron horas; sin embargo, a veces son solo minutos cortos, pero es calma total en mi interior.

Estábamos teniendo un buen vuelo, sin quejas. Una que otra leve turbulencia, pero nada fuera de lo normal. Al finalizar el tiempo de vuelo, fuimos avisados de que ya estábamos listos para aterrizar. Este resulta un momento bastante crucial en el recorrido. Uno más que otro hace su oración en secreto, reza su poquito. Otros, para disimular se quedan calladitos, y otros, más caribeños, hablan hasta por los codos porque están nerviosos.

Sin embargo, en este viaje ocurrió algo inesperado, lo que en mi corta historia de viajes desde 1981, nunca había experimentado: el avión aterrizó y de repente, luego de haber puesto ruedas en la pista y tener un tiempo rodando, el avión se eleva nuevamente y solo escuché el casi imperceptible gemido de la gente, como preguntando: «¿Y esto? ¿Qué pasó?».

Literal, estábamos arriba otra vez. Todos mirábamos por las ventanillas, yo estaba en verdad asombrada y, también, preguntándome en mi interior qué había pasado. El piloto no decía nada y seguíamos subiendo. Cuando teníamos unos ocho minutos, en ese momento se avisó que vientos fuertes habían impedido aterrizar y que el primer intento había fallado, pero, que lo intentaríamos de nuevo. Todos teníamos dudas, de eso estaba segura.

¿Qué harías tú en una situación así? Estábamos allí, confiando que era un experto el que piloteaba, sin embargo, el que era un experto era el que guiaba al piloto, nuestro piloto divino. Él nos ayudaría a aterrizar bien, había que confiar, no había otra opción.

«A ti, oh Jehová, levantaré mi alma. Dios mío, en ti confío; No sea yo avergonzado, No se alegren de mí mis enemigos».
Salmos 25:1-2

DÍA 42: MAESTRO, PROLONGA ESTA CALMA

¿Confiar estando en un vuelo que intentó aterrizar y se elevó de nuevo? ¡Ay!, eso sí que estaba interesante. Estábamos en el aire de nuevo. Las caras asombradas no se hicieron esperar, pero todos nos quedamos mudos. No se escuchaba en la cabina ni un suspiro. Fue el momento de la gran pregunta: «¿Y si sucede algo? ¿Estoy lista para el cielo?». Ahí estaba yo, pidiéndole al Señor control absoluto del proceso, pero también trabajando en mi paz y tranquilidad sabiendo que estaba «bien con mi Dios».

Lo triste es que en un momento así, hay que estar tranquilos y callados, pero yo comencé a cantar y a orar. No, no estoy hablando de la noche de mi viaje en el autobús cuando el hombre alocado estaba amenazando. Luego, seguí orando. Oraba de manera imperceptible y levanté mis manos en mi asiento. En aquel silencio, se escuchaba mi tenue voz. Pedía al Señor que el piloto encontrara la vía más segura para aterrizar. Señores, así pasaron quince minutos y yo decía: «Llegaremos a otro país, así como vamos». De pronto, avisaron que nos preparábamos para intentar aterrizar de nuevo.

¡Aterrizamos! Seguros, con un gran piloto liderando ese avión. Todos nos paramos en seguida aterrizó el avión, no hubo persona que se quedara sentada, aun sabiendo que no era tiempo de abrir las puertas, mucho menos de salir de allí. Cuando todos estaban de pie esperando, yo tomé la palabra. Recordé lo importante que era estar preparados ante cualquier eventualidad, espiritualmente. Presenté de manera abreviada el plan de salvación en Cristo Jesús. Cuando dije que «todos estábamos asustados», sin mentir, la afirmación fue total, entre suspiros, muecas y sonrisas nerviosas. Unas tres personas en diferentes lugares de la cabina, me hablaron dando las gracias por haber tomado la palabra presentando a Cristo. No había mucho tiempo para seguir la charla, pues abrieron la puerta y todos salimos rápidamente.

Yo también confié en ese piloto, sin conocerlo. Sobre todo, confié en el Dios de mi salvación. Creí que Él tenía el control de todo, incluyendo mi destino final.

Hay momentos que lo único que podemos hacer es levantar nuestras almas al Señor, pues Él no nos dejará avergonzados si confiamos en su poder. Cuando se encrespan las aguas y ruja la tempestad y estás en el aire sin poder controlar nada, solo puedes confiar, en el amplio sentido de la palabra. «Sea la paz», me dijo Jesús y su voz se escucha en la inmensidad.

«Porque ¿quién es nuestra esperanza o gozo o corona de gloria? ¿No lo sois vosotros en la presencia de nuestro Señor Jesucristo en su venida? Vosotros sois nuestra gloria y gozo».
1 Tesalonicenses 2:19-20

DÍA 43:
INVERSIÓN SEGURA (PARTE 1)

La segunda mitad de la década de los 70 (1975 en adelante) fue un período muy importante en mi vida, y me voy a atrever a afirmar que también en la vida de muchos de nuestros jóvenes en la iglesia dominicana, especialmente en la que yo nací y me formé. Yo llamaría a ese período, la fase de siembra, inversión y fundamento. ¿Cómo olvidar a un puñadito de personas que se atrevieron a tomar a otro puñado de muchachones entre los 16 y los 19 años para poner en sus cabezas y corazones (en ocasiones en sus bolsillos) todo lo que ellos eran y tenían? Algunos de esos sembradores no eran ni siquiera de nuestro país, menos de nuestro pueblo o ciudad. Yo sería una malagradecida si hoy olvidara eso.

Hoy, cuarenta años después, repaso a esos jóvenes en mi mente y me pregunto, dónde están y qué hacen. Siento la necesidad de confirmar si la siembra vale el esfuerzo, ya que todos estamos sirviendo de una manera u otra al Señor y a la sociedad.

El apóstol Pablo tenía un concepto muy claro de dónde invertía sus recursos, no importa qué recursos. Yo creo en lo mismo. En la Primera Carta a los Tesalonicenses dijo: «Porque ¿quién es nuestra esperanza o gozo o corona de gloria? ¿No lo sois vosotros en la presencia de nuestro Señor Jesucristo?». El apóstol está hablando de invertir en la vida de personas, personas claves. Eso se convertirá en un maravilloso activo porque esas personas harán con sus vidas y hechos, la labor que posiblemente nosotros no podremos hacer en otros. Es un trabajo de multiplicación. Es posible que yo pueda tocar personalmente solo a una o dos personas, pero esas dos se multiplicarán en ocho. El beneficio no será para mí, será para la obra de Dios, para el mundo y la sociedad.

¿Será que pensamos demasiado a la hora de poner nuestra vida y recursos en las manos de un puñadito de personas clave? ¿Nos gana la tacañería y estamos preguntando siempre qué beneficios sacaré para mí personalmente? Si es así, entonces no vale la pena dedicarse a otros. Lo primero que debo tener muy claro es en quién estoy invirtiendo tiempo y recursos, preparación, entrenamiento, capacitación, amor y entrega.

Pienso, además, en la motivación interna que me mueve a ello, que eso es crucial. ¿Es egoísmo, reconocimiento, gloria personal? Si esta es la motivación, aborta la acción, deja eso. Tiene que haber un interés mucho más alto al invertir nuestra vida y bienes. Tiene que ser glorificar a Dios y agregar valor a otros ¿Es eso lo que te mueve?

«Porque ¿quién es nuestra esperanza o gozo o corona de gloria? ¿No lo sois vosotros en la presencia de nuestro Señor Jesucristo en su venida? Vosotros sois nuestra gloria y gozo».
1 Tesalonicenses 2:19-20

DÍA 44: INVERSIÓN SEGURA (PARTE 2)

Recorría los espacios del ministerio infantil de una iglesia donde serví en Colombia. Habían sido pocos años de servicio, pero muy fructíferos, un trabajo intenso y enfocado. Yo miraba lo hermoso del lugar, los materiales, el orden, lo atractivo del espacio para los niños. De pronto, mi rostro cambió porque estaba diciéndome en mis adentros: «¡Qué hermoso! Si hubiéramos tenido la forma de hacerlo así cuando estuve aquí». Mis pensamientos fueron interrumpidos por las jóvenes que ahora dirigían y que fueron mis alumnas y colegas. La líder me dijo: «¡Carmen! Eso fue lo que usted nos enseñó, este es el fruto de su enseñanza, ¡gracias!». Y unas lágrimas de gratitud, amor y gozo bajaron por mis mejillas. Entonces recordé las largas horas de enseñanza, discipulado y trabajo con casi 150 niños en jornadas interminables de aprender y enseñar. Ese día fue como si me hubiesen entregado un diploma. Recordé que para ese equipo de jóvenes y maestros yo no me guardé ni reservé nada para mí.

Muchas veces pensamos en todo lo que hemos tenido que recorrer e invertir para llegar a donde estamos y es posible que tengamos la tentación de sacar provecho de ello. Eso es natural, lógico y justo. Pero hablo de otro asunto, nuestro gozo y corona es ver los logros, tanto mis logros sirviendo a otros, como también los logros de aquellos a los cuales agrego valor invirtiéndome en ellos.

¿Es tu deseo ver a muchos en la presencia de Dios? ¿Compartirles el mensaje de las buenas noticias? No puedes cederles ese privilegio a otros, hazlo tú. ¿Es tu deseo ver a otros sirviendo al Señor y siendo útil a la sociedad? Invierte en ellos. Cuesta tiempo, recursos, dinero, sacrificios en todos los sentidos, pero verás tu vida siendo fructífera y útil. Total, todo lo que somos y tenemos lo hemos recibido, ha sido dado por gracia, aunque hayamos entregado mucho tiempo y dinero para ello ¿Qué nos llevaremos de este mundo? ¿Hay algo que yo pueda reservar para mí sola? En mi caso, nada. Una vez le dije a alguien: de lo que he podido aprender, no me reservo nada para mí, todo es para el servicio. Y así espero sea mientras tenga vida.

Dios hará que la obra de nuestras manos prospere. El hará que veamos el fruto en otros. De alguna manera, lo veremos y nos llenaremos de gozo y alegría. Es posible que los que sembraron en aquel puñadito de jóvenes hace unos años, estén mirando sentados en sus mecedoras, en sus sillas de ruedas, en sus camas o aún estén muy vigorosos y verdes, el fruto de su labor entre nosotros. Somos el gozo y la corona de esos sembradores. Que otros lo sean para ti y para mí también.

«Ante ti, Señor, están todos mis deseos;
no te son un secreto mis anhelos».
Salmos 38:9 (NVI)

DÍA 45:
TUS PROFUNDOS SUSPIROS

La maternidad no pudo ser posible en mí. Los anhelos de mi juventud eran dar a luz y criar por lo menos cinco hijos, pero la historia fue otra y no pude acunar un bebé en mis brazos. Por años, ese anhelo que caracteriza o debe caracterizar a toda mujer, ha martillado mi mente.

Los años me han demostrado que no es absolutamente necesario concebir y, literalmente, parir un hijo. El Señor tiene sus maneras soberanas de hacernos sentir que nuestros anhelos profundos son satisfechos, de la manera que Él quiera. Tengo un número muy mínimo de personas con las cuales puedo experimentar la alegría y la satisfacción de «creerme» mamá. Doy gracias a mi Dios por ello, y me lo creo. No sé nada sobre el futuro y lo que pueda pasar, un cambio brusco, un despertar a la realidad, pero por ahora, es una bendición.

En estos últimos años me he desenvuelto como maestra del sector público. Cientos de estudiantes han pasado por mis manos, cientos de horas de clases y mucho contenido he compartido con ellos. Mi oración en el momento en que acepté este reto fue: «Señor, he pasado por muchas ciudades y lugares, es posible que haya dejado alguna huella, pero aquí, en el pueblo que me vio nacer, quisiera que me dieras la oportunidad de sembrar en estos niños y jóvenes, de manera que pueda ver el fruto tangible. Permíteme afectar sus corazones y ser una influencia para sus vidas».

Los meses pasan y todos los que son profesores en esta época, saben lo difícil que se torna la labor. Sin embargo, algo es indiscutible en mi relación con los chicos y lo he vivido muchas veces. Estuve ausente por unos días, ellos no sabían de antemano que estaría ausente. Al regresar, lo admito, no podía creer lo que estaba viviendo. Los muchachos se me lanzaron encima, me abrazaban, me besaban, me halaban, sonreían, aplaudieron en los cursos y en los patios. Y al llegar a las aulas, la bulla y el alboroto que hicieron era para mandarlos a la dirección. Es posible que algunos piensen que, tal vez, no les gustó el maestro sustituto o que yo soy muy «buena con los estudiantes», pero lo que sí he podido vivir es aquella oración que hice una vez. He sentido sus corazones cerca del mío. Me hicieron contarles, literalmente, en todos los cursos, lo vivido en mi ausencia y lo disfrutaron igual que yo.

El Señor conoce tus anhelos profundos, tus deseos que tal vez nadie más ha logrado descubrir. En este sentido, es posible que tus anhelos no sean como los míos, querer ser una influencia positiva entre mis alumnos, pero el Señor sabe exactamente qué es lo que te impulsa, lo que está dentro, lo que mueve tu vida. No hay forma de esconder ante Dios tu suspiro, tu gemir. Dios no es indiferente a nuestro suspiro y anhelo. El suplirá conforme a nuestras necesidades.

«Moisés edificó un altar y lo llamó "el Señor es mi estandarte". Y exclamó: "¡**Echa mano al estandarte del** *señor! ¡La guerra del Señor contra Amalec será de generación en generación!"».*

Éxodo 17:15-16

DÍA 46: ELÉVATE, MI BANDERA

El dicho *Perro que ladra no muerde* tiene mucho sentido. No es exactamente literal eso de que un perro que ladra, no muerda, pero vamos a tomarlo como real por un momento. ¡Cuántas veces no hemos recibido una amenaza, un decreto de que algo malo nos va a pasar en venganza o, simplemente, porque no somos «santos de su devoción»!

Como hijos de Dios, como cristianos, se podrían considerar incontables las veces que el enemigo ha utilizado a personas para amedrentarnos y sembrar en nuestro interior el pánico, el miedo. Me refiero en particular a eventos en que nosotros no tenemos ninguna culpa, cuando no hemos procedido de manera incorrecta, sino que son persecuciones solapadas debido a nuestro andar en el Señor, guerras frías declaradas en nuestra contra, cuyo motivo en ocasiones es la envidia y el no querer reconocer la gracia y el brillo de Dios sobre una persona. Muchas veces nos hemos sentido tan dominados por estos miedos, que se nos hace difícil hasta salir a la calle con libertad. Es posible que tú, querido amigo, seas uno de esos que han sido atrapados por el temor. Has sido presa del pánico por lo que una persona ha dicho o intentado hacer en tu contra. Eso me ha pasado a mí también.

En las ocasiones en que eso sucede, la Escritura tiene un recordatorio hermoso para nosotros. En aquel momento histórico cuando Moisés ganó la batalla contra los amalecitas, al finalizar, declaró: «El Señor es mi estandarte, mi bandera». Ese «Jehová nisi» que tanto hemos escuchado y a veces hecho nuestro.

Dios es quien pelea tus batallas, querido amigo. Nadie puede enfrentarte ignorando que quien levanta bandera por ti es el mismo Dios. Cada vez que una persona trate de herirte, acusarte, levantar el pie para que te caigas, hay un estandarte que se levanta frente a ti para defenderte. Se chocarán directamente con ese bloqueo. «Jehová nisi» aparecerá y en lugar de ver una bandera de tela, verán un escudo de bronce. Porque ¿quién como nuestro Dios que se pone delante de nosotros en nuestros campos de batalla? Lo único que tenemos que asegurar es que libramos las batallas de Dios, que estamos bien con el Señor y no son guerras personales o que son desencadenadas por pasiones propias o que salen de nuestra carnalidad.

Podemos decir que en el nombre del Señor desplegaremos las banderas, como dice en el salmo 20: 4-5. También afirmar que «Él nos llevará a casa de banquete y enarbolará sobre nosotros su bandera de amor» Cantares 2:4.

La guerra de nuestro «Jehová nisi» contra nuestros enemigos, será para siempre. Siempre podremos estar protegidos por ese estandarte que no tendremos que pelear nosotros, porque Él librará esta batalla a nuestro favor. ¡Aleluya! Descansemos y observemos a un lado de la escena la guerra de quien se levanta a nuestro favor y gana. Dejemos de luchar tratando de defendernos a nosotros mismos, Dios se encarga. Los perros ladrarán, pero habrá quién los enfrente.

¿Por qué tenemos que enfrentar a la gente si no somos nosotros los que peleamos? ¿Por qué consideramos a personas como enemigas nuestras si entendemos por las Escrituras que son enemigas del Señor? ¿Es necesario levantarnos nosotros como bandera sabiendo que Dios ha asegurado que Él mismo es nuestro estandarte?

Solo deja al Señor actuar, quédate quieto y mira la salvación de Jehová. Solo marcha, sigue adelante, no te desenfoques. Dios va por ti.

«Te haré entender, y te enseñaré el camino en que debes andar; sobre ti fijaré mis ojos».

Salmos 32:8

DÍA 47:
A TIEMPO

¿Es posible que después de siete, doce, veinte años te des cuenta de que tomaste una decisión errada y que has estado viviendo un error por tantos años? Sí, es posible. Lo peor de todo es volver hacia atrás a una decisión mal tomada, eso es mucho más difícil que cuando se tomó. ¿Será posible arreglar las cosas en el camino y devolvernos de alguna acción equivocada? También es posible.

Muchos de nosotros hemos fallado al blanco en caminos que hemos escogido y los dolores de cabeza y de conciencia no se hacen esperar. Las frustraciones, los dolores, los sufrimientos que nos acompañan debido a esa acción, durarán si no para siempre, mientras estemos viviendo bajo esa equivocación. Pero hay esperanza.

Sabemos por las Escrituras que todo lo que se quiere debajo del cielo tiene su tiempo perfecto, tiene su hora. Los que nos equivocamos en «la hora» somos nosotros. Dios ordenó los caminos para sus hijos y también ordenó el tiempo perfecto. Lo importante es que tenemos que tomar decisiones y eso, la mayoría de las veces, cuesta y cuesta mucho.

Uno de los asuntos interesantes es las razones por las que tardamos en tomar decisiones buenas. Casi todo se puede redondear alrededor del miedo. Tenemos miedo a lo que eso pueda traer como consecuencia, y si esas decisiones pudieran afectar a alguien, sobre todo a alguien que amamos.

Una razón muy poderosa por la que no queremos decidir es por el estrés que eso conlleva. Se nos acelera el corazón, liberamos hormonas, se nos encienden las antenas de alerta, todo se dispara dentro de nosotros y entonces, mejor decidimos procrastinar, o sea, dejarlo para después. Otras veces, esperamos una solución perfecta según los esquemas mentales que tengamos, los paradigmas que se han establecido dentro de nosotros, las opiniones de los demás respecto a tal o cual punto y nos quedamos esperando que todo se resuelva solo.

El Señor dice en su Palabra que nos hará entender, nos enseñará el camino por donde debemos andar. También encontramos que no nos debemos apoyar en nuestra propia prudencia, sino confiar en el Señor con todo nuestro corazón. En el libro de Eclesiastés se nos recuerda que todo tiene su tiempo.

Una buena decisión, tomada a tiempo, en el momento oportuno, nos ahorrará muchos dolores. Tenemos que aprovechar el momento de impulso, cuando tenemos ese empuje de la Palabra y de la guía de Dios. Hay una parte del texto citado arriba que dice: no seas como el mulo o como el caballo sin entendimiento que tienen que ser sujetados con cabestro, con freno. Es mejor dejar que el

Señor nos guíe en la toma de decisiones en el momento adecuado, que nos haga entender y que nosotros nos dejemos guiar, no importa cuánto queramos hacer nuestra propia voluntad. Ha fijado sus ojos sobre nosotros y nos va a guiar por la mejor opción.

¿Qué tan difícil es lo que tienes por delante? ¿Has analizado las alternativas? ¿Lo que tienes que hacer te hará crecer, ayudará a desarrollar a otros, glorifica a Dios?

«Todo tiene su tiempo y todo lo que se quiere debajo del cielo, tiene su hora».
Eclesiastés 3:1

DÍA 48:
VALORES – VOLUNTAD

Tomamos una margarita en las manos y comenzamos a deshojarla diciendo: «Me quiere, no me quiere; me quiere, no me quiere» y así, sucesivamente. Cuántas veces hemos pensado que tomar una decisión es como deshojar una margarita o como poner el dedo en la Biblia para escoger un versículo que elija nuestro camino. No. Tomar una decisión es más profundo que eso. Requiere ser diligentes y no hacerlo a la ligera, porque tendremos que pagar un precio, sea cual sea la decisión que tomemos.

A veces, al tomar una decisión importante, es posible que al principio la pasemos mal, no estamos acostumbrados, nos costó mucho, pero después tendremos los beneficios. No somos perfectos, y nos vamos a equivocar muchas veces en la vida, tendremos que vivir con los errores, pero no tiene que ser para siempre, podemos enderezar el árbol que venía torcido y seguir adelante.

Otro punto es que negociamos tanto con nosotros, vamos dejando el asunto para después y para después, procrastinamos, y lo que podíamos resolver en un día, nos toma años. Las decisiones buenas se toman en el momento oportuno.

Si nos falta guía y sabiduría, sabemos que el Señor nos puede dirigir, que el Espíritu Santo vive en nosotros y nos dará la dirección correcta. Si nos equivocamos porque nos empecinamos en nuestro propio camino, Él también nos lo hará entender, pues sobre nosotros ha fijado sus ojos. Alguien dijo: «Mira tu reloj, observa si hay un lugar donde dice en sus agujas: "más tarde". No, el momento es ahora».

No importa si nos equivocamos en el pasado. No hay nada en el pasado que determine tu futuro. El hecho de habernos equivocado no es excusa para no volver a intentarlo. Empezar de nuevo, volverlo a intentar es de valientes.

Observa el momento oportuno para tus mejores decisiones y lánzate. No importa si solo ves el primer peldaño, si no ves todo el escenario adelante. La fe hace que iniciemos, aunque solo veamos el camino un cuarto de metro frente a nuestros ojos. Caminaremos en fe sabiendo que el Señor nos guía y ordena nuestros pasos.

¿Te equivocaste? ¿Has bebido las hieles amargas de una mala decisión? ¿Tienes años sufriendo por errores cometidos, por pecados quizás? ¿No te dejaste guiar por el Señor y seguiste tus propios caprichos que te trajeron consecuencias grises?

No llores por los errores del pasado. No puedes hacer nada sobre ello. Tu futuro está determinado por Dios, no por tu pasado. Vamos adelante, como un pedernal, con la mira puesta en Jesús.

«Y volviendo el ángel de Jehová la segunda vez, lo tocó, diciendo: Levántate y come, porque largo camino te resta».

1 Reyes 19:7

DÍA 49:

¡ANDA, SAL DE AHÍ!

Somos humanos, somos vulnerables: me formé espiritualmente en ambientes donde casi era prohibido mostrar nuestra vulnerabilidad, nuestra humanidad, nuestros sentimientos de dolor, fracaso, angustias internas. Si uno como «líder» dejaba ver el refajo, mostraba alguna debilidad, entonces no servíamos como dirigentes. Por mucho tiempo se nos enseñó que los demás tenían que vernos siempre «bendecidos y en victoria y, claro, alegres». Aprendí con los años y el caminar en la vida en Jesús, que nada estaba más lejos de la realidad cristiana. Jesús fue el mejor ejemplo, lo encontramos en los evangelios mostrando que también era humano.

He visto a hombres de Dios llorar, quebrarse, romperse y hasta caer. He vivido momentos allá arriba, pero en las siguientes horas, he atravesado por «la noche oscura del alma», por el valle de sombra. Ninguno de nosotros está exento de vivir situaciones donde mostramos que somos vulnerables. El dolor nos hace vulnerables, la soledad, la pérdida y muchas vivencias más.

La Biblia no calla verdades de nadie, aunque estas tengan que ver con los sentimientos más profundos o los pecados más oscuros. Tenemos a Elías, aplaudido por millones de creyentes de todos los tiempos. Un hombre que inspira imitarlo en sus acciones de fe. Pero este Elías, de quien estamos hablando, después de tremenda demostración de la grandeza de Dios y el atrevimiento de un líder de fe, también tuvo momentos no deseables para ninguno de nosotros. Cayó en la cueva, lo arropó la depresión, el desaliento y el deseo de morirse y la Biblia no lo esconde. Al verse perseguido, por lo que vivía en su interior, le llegó su noche oscura y deseó morir.

El Señor le dijo: «Levántate, Elías, y come, porque largo camino te resta». Ni siquiera estaba comiendo y me imagino que solo quería dormir. Dios mismo tuvo que llamarlo y hablarle. Tomó el protagonismo para regañarlo en un momento, animar y alentar al profeta. «¿Qué haces aquí, Elías?», le había dicho, «¿Qué haces escondido en la cueva?».

¿Te identificas con Elías en algún momento? ¿Estás viviendo en una cueva desde cuándo? Te dejas ver, sales a la calle, haces tus trabajos, pero emocionalmente estás en una cueva, en un escondite de donde no quieres salir ¿Esto te dice algo de ti mismo? ¿Me dice algo de mi propia situación?

Es posible que hayamos salido de momentos de gloria, en los que parecía que una aureola de bendición, poder, admiración, logros, triunfos, el monte de la transfiguración, nos bañaba. De pronto, aterrizamos en la tranquilidad de la noche y nos damos cuenta de que estamos otra vez en el valle, y caemos en un vacío. Le pasó a Elías, me puede pasar a mí, te puede pasar a ti.

Escuchemos a Dios decir: «Levántate, largo camino te resta, no hemos terminado». Hay muchas millas más, hay muchos peajes en la ruta, te toca seguir sacando del monedero lo que toca en cada peaje. Todavía hay mucho sacrificio por hacer, mucho legado que dejar, mucho que servir. ¡Levántate!

«Volverán los rescatados del Señor, y entrarán en Sion con cánticos de júbilo; su corona será el gozo eterno. Se llenarán de regocijo y alegría, y se apartarán de ellos el dolor y los gemidos».

Isaías 51:11

DÍA 50: ¿ME RECUPERARÉ ALGÚN DÍA?

Cuando llegué a mi casa paterna ese día, no sabía lo que me esperaba en las próximas horas. La información no había sido muy certera. Después de una terrible nevada de casi fin de temporada en Montreal, del recorrido en bus hasta la frontera y del retardo a causa de un problema con un inmigrante, al fin parecía que podía llegar a mi primer destino. Llegué al aeropuerto en Nueva York apenas a tiempo para que un oficial de vuelo me saliera a buscar porque ya el avión se iba. Había llorado todo el trayecto. Mi madre estaba grave, pero yo no sabía la realidad.

Esa madrugada del 21 de marzo de 2008 fue inolvidable. Allí estaba ella, agonizando y yo escuchaba una melodía no muy grata. Nunca olvidaré ese canto, y me dije dentro de mí: hoy se nos va mamá.

La despedida de alguien amado puede ser una pérdida para siempre o nos puede traer hermosas lecciones de por vida ¿Cómo? ¿Que una pérdida puede ser positiva? Definitivamente sí. Puedo quedarme eternamente inmersa en la tristeza, el desaliento, los recuerdos, recibir las acusaciones de la conciencia, o, finalmente, salir adelante recuperándome de las pérdidas.

Tú podrías considerar la muerte de un ser querido, un divorcio, una separación, la quiebra económica o el fracaso profesional como una pérdida, pero lo más interesante es lo que pueda resultar de ese evento o proceso: tu actitud, cómo enfrentas el asunto para que no sea una derrota para toda la vida.

El profeta Isaías nos alienta recordándonos que aquellos que somos redimidos por el Señor entraremos en Sion con cánticos. Cuando hablamos de Sion, estamos considerando el lugar de gozo, lugar de canción, la casa de Dios, es decir, su presencia. Cuando entramos en esa presencia hermosa del Señor, se apartan de nosotros los gemidos, el dolor, las tristezas.

Es posible que ese momento de entrar en Sion con alegría y júbilo no sea al día siguiente de estar viviendo el momento de pérdida, pero el dejar a Dios obrar, el cederle nuestro espacio a Él en las emociones, en las actitudes, en las acciones también, permitirá que vivamos nuestro duelo en todos sus momentos y sanemos mejor y más rápido.

El Señor es el eterno consolador. Su presencia satisface nuestro transido corazón. Tal y como es el tema de este libro devocional, en su presencia hay plenitud de gozo, delicias a su diestra para siempre.

Deja que el Señor te envuelva, tal y como dice la alabanza, en su espíritu de amor. Que Él satisfaga hoy tu alma y todo tu ser.

«Los jóvenes se cansan por más fuertes que sean, pero los que confían en Dios siempre tendrán nuevas fuerzas. Podrán volar como las águilas, podrán caminar sin cansarse y correr sin fatigarse».

Isaías 40:30-31

DÍA 51:
DE DÓNDE VIENE TU FUERZA

Tuve covid-19 unos días antes del taller. Solo los saltos en los juegos me harían ver si tenía fuerzas suficientes. Parece parte de un chiste, pero no. Unos dieciséis días antes me habían dado la noticia de que tenía covid-19. No podía creerlo por la manera cómo me había cuidado, había tomado todas las precauciones, el seguimiento y protocolo, había seguido todo de manera impecable. Pero estar entre casi cuatrocientos padres semana tras semana buscando las raciones alimenticias de los alumnos y luego la apertura de las clases presenciales, dieron como resultado mi contagio.

Las fuerzas se me agotaron, fue lo primero que sentí. No tenía fuerzas para nada y me tocó recluirme de nuevo. Estaba de nuevo sola en casa. Solo recibía visita en la puerta de uno de mis hermanos que nunca me abandonó, aunque solo nos saludáramos a distancia. Ese era el momento de depender del Señor y de que Él renovara mis fuerzas. Muchas cosas nos pueden faltar, pero si se nos cae el ánimo, la cama nos apresará. Yo me negué a eso y traté de pasar casi todo el tiempo sentada en mi balcón mirando la vida pasar. Todo alrededor era hermoso, hojas nuevas, mis sembraditos, mi cosecha, los árboles al frente. La naturaleza se había rejuvenecido en la pandemia, pero yo estaba sin fuerzas.

Me hizo pensar en el águila en lo alto de una montaña renovándose. Estaba confiando que posiblemente saldría ilesa de ese virus, porque nadie podía darse el lujo de pensar que podría salir vivo. Decidí confiar que, con todos los factores en mi contra, el Señor me sacaría con bien. La lucha mental que libraba cada día hasta dar negativo, ya saben que no es fácil. Lo peor era saber que estaba enfrentando ese tiempo sin compañía humana, que cualquier viaje a la cocina, al baño, a la sala, a donde sea en la casa, me fatigaba.

Cuando la vida te ha traído solo fatigas y sientes que las rodillas no te dan para un paso más, para aguantar el peso de tu cuerpo, es el momento de remontarte a las alturas como las águilas viejas y renovar tu plumaje en Dios. La Biblia nos dice que aquellos que esperan en Jehová renovarán sus fuerzas: no se fatigarán, no se cansarán por duro que sea el camino. Aunque tengas que esperar largos días como aquellos que esperan un resultado negativo a un virus, puedes confiar en que levantarás alas como las águilas.

Esperar en el Señor es la clave. No es nuestro tiempo, no son nuestros remedios. Esperar implica la confianza de que al final del camino, todo estará bien. Podremos comprobar, como lo hice ese día, que nos elevaremos y saltaremos aterrizando muy bien porque nuestras rodillas y pies nos sostuvieron.

«No nos cansemos de hacer el bien,
porque a su debido tiempo cosecharemos
si no nos damos por vencidos».
Gálatas 6:9

DÍA 52:
SIEMBRA, SEMBRADOR

El ángel moderno de la muerte y la desolación pasaba por el mundo entero. Los hogares enfrentaban una lucha porque las familias que nunca habían pasado juntos tanto tiempo, en ese momento, se aburrían unos de los otros sin opción de irse, porque no había dónde.

Mientras unos se debatían en estos menesteres de estar juntos y «reburujados» por motivo de la pandemia, yo me dediqué a imitar a mi papá, me consagré a sembrar.

Sin siquiera dos metros de patio con tierra para sembrar, aproveché todos los envases, potes, tachos, materos, lo que sea. Buscaba y compraba tierra preparada y humus, así adquirí mi nuevo oficio.

En poco tiempo probé los mejores tomatitos, excelentes pimientos, un cilantro inolvidable, arándanos y otras bellezas más. El placer y la satisfacción de poder cosechar algo de lo sembrado, no tiene comparación. ¡Qué bueno es sembrar!

En otros ámbitos de la vida real, echando una mirada en retrospectiva, hemos visto lo que algunos hemos venido sembrando mientras pasamos por los surcos de nuestro camino. Es posible que nuestra siembra haya sido consciente, pero, otras veces no: simplemente, hemos dejado caer semillitas por donde pasamos. Muchas veces hemos visto la cosecha, un hermoso fruto muy parecido a la semilla que regamos. Pero no podremos negar que, de vez en cuando, lo que resultó como fruto, fue algo deforme y muy lejos de parecerse a la semilla original. Somos conscientes, también, de que a veces la semilla abortó y no hubo forma de hacerla germinar y crecer, de la misma manera que me pasaba en estos dos últimos años cuando quise hacerme agricultora casera.

Lo cierto es, querido amigo, que mientras sembramos, a veces lloramos, y no es por sembrar cebolla. Es porque lo que resulta muchas veces nos produce dolor y tristeza, o porque lo dimos todo y no resultó aparentemente nada. El apóstol Pablo lo dice en uno de los textos que cité: «Lo dimos todo sin tener nada, enriquecimos a muchos aun desde nuestra pobreza». Una siembra con dolor. O una cosecha que trajo también dolor. Pero sembramos. Lo importante es sembrar.

Cuántas veces, amigo, hemos llorado al ver el resultado de lo que hicimos con tanto amor y no fue apreciado lo que quisimos hacer. ¡Cuántos malentendidos al transitar por los campos de la siembra! Cuántas veces la semilla regada ha sido rebelde y no ha querido germinar, y decide quedarse ahí y nunca salir como una hermosa plantita y luego dar esperados frutos.

Lección: en sentido figurado, sembramos, no para nosotros —aunque el que siembra siempre quiere comer de lo sembrado—, no es para nuestro deleite, ni para nuestro beneficio personal. Debemos sembrar sabiendo que sembramos en los demás. Ellos obtendrán los frutos que los van a llevar a donde, realmente, quieren llegar. Nosotros somos el vehículo.

Finalizo con el segundo texto bíblico: «No nos cansemos de hacer el bien, porque a su debido tiempo cosecharemos si no nos damos por vencidos» Gálatas 6:9.

En esta vida, nunca te canses de regar la semilla del bien, de invertir en los demás, de agregarles valor a los que amas y a quienes quieres ver desarrollando su máximo potencial. No importa si te dan las gracias, no importa si te comparten los beneficios económicos de su progreso, no importa si se devuelven a reconocer que fuiste parte de ellos. Siembra, siembra, y deja los resultados a Dios. A su tiempo segaremos, si no desmayamos.

«Porque mis pensamientos no son vuestros pensamientos, ni vuestros caminos mis caminos, dijo Jehová. Como son más altos los cielos que la tierra, así son mis caminos más altos que vuestros caminos, y mis pensamientos más que vuestros pensamientos».

Isaías 55:8-9

DÍA 53: SUELTA LO QUE TE ATA

Las personas que conocieron y, sobre todo, las que cuidaban a mi madre, especialmente en sus últimos años, estarán de acuerdo conmigo cuando afirmo que ella era un ser muy desprendido. Compartía lo poco que tenía y nunca faltó en nuestra mesa el «*pan nuestro y el del otro de cada día*». En esos tiempos, mi país atravesaba por una crisis tan fuerte que la época fue bautizada con un nombre muy singular. Me contaron que, en la sencilla cocina de mis padres, el que pasaba y necesitaba comer, se acercaba y comía. La batata (camote, boniato, papa dulce) nunca faltó, la hervían por «balsas», para todos los transeúntes. Nunca supe en mi niñez cómo mamá y papá multiplicaban la comida. Ahora sí lo puedo entender.

Al final de sus años, cuando mi madre recibía su «remesita» y cualquier dinerito que recibiera porque ya no podía «negociar» con su pequeña carnicería, ella hacía algo que sorprendía a muchos. Primero, mandaba a pagar las pequeñas cuentas al comercio del frente, luego a la tienda, donde le fiaban lo que ella necesitara, pagaba los servicios de agua, luz y lo necesario. Después, mandaba a comprar los alimentos básicos y, finalmente, compartía: compartía con los hijos que ella juzgara que necesitaban algo. Y, claro, con los amados nietecitos. Nunca escondió un peso para un nieto querido. Mamá era así. Y tampoco nunca dejó de aportar a su congregación. Lo mejor de todo era que nadie la manipulaba sobre cómo debía usar su dinerito.

Cuando pienso en eso, tengo que meditar que algo heredé de mi madre. Le doy gracias al Señor por ello. Muchas veces las cosas no nos salen de la forma como lo planeamos, especialmente, en el aspecto económico. De vez en cuando tenemos pérdidas (y he venido hablando de ello). Hemos invertido, hemos comprado. A la hora de vender o de usar lo comprado, a veces, no nos sale como quisiéramos.

En ocasiones, nos pasa eso, pero el desesperarnos por lo sucedido, no va a cambiar las cosas. El amargarnos, será peor. Hay que estar conscientes de que no siempre actuamos conforme a los pensamientos de Dios ni a sus caminos. Nos equivocamos. Es hora de empezar de nuevo. La vida es bella y cada día nos traerá nuevas sorpresas, siempre que la vivamos en el Señor. Suelta lo que te ata y ríndelo a Dios.

«Y dijo: desnudo salí del vientre de mi madre, y desnudo volveré allá. Jehová dio, y Jehová quitó; sea el nombre de Jehová bendito».
Job 1:21

DÍA 54: APRENDE A PERDER

Hice una mala compra y luego hice una horrible venta. Una cosa atrajo la otra. Ese vehículo que tanto anhelaba, resultó ser un dolor de cabeza y de bolsillo. Me pasó. Imagino que también a usted pudo haberle pasado, querido amigo. Y la tentación más cercana es amargarnos y lamentar aquello que se fue sin beneficios. La mayoría de la gente lo hace, llora, se lamenta; uno que otro hasta maldice el día que hizo tal o cual compra porque todo le salió mal.

Acabo de hacer la peor venta de mi vida, según mi criterio. He tomado muchos cursos de ventas, he estado involucrada en ventas personalizadas y sé cómo se hace un cierre de ventas. Pero esta fue la peor, según yo.

Pero lo sorprendente es que no me rajé a dar gritos llorando; no me lamenté, no maldije. Al contrario, le di gracias a Dios después de meditar un poco, entristecida por un rato, pero no derrotada. Y me dije: «Ya pasó. No me detendré en un humor gris, hay que seguir adelante». El texto que más me visitó en mi mente fue Job 1:21:

«Desnudo salí del vientre de mi madre, y desnudo volveré allá. Jehová dio, y Jehová quitó; sea el nombre de Jehová bendito». Tengo paz en ese aspecto, y eso no lo cambio por todo el dinero del mundo.

Recordé a mamá. No se apegaba a nada. Se desprendía de lo que tuviera que desprenderse. Sobre todo, medité en algo que siempre ha sido una realidad en todos mis años de servicio al Señor.

Él me sorprende de unas maneras que ni siquiera puedo imaginar. Tiene su estilo de hacerlo. Y si me da lo que tanto necesito, amén; si no lo provee, amén, también. Es soberano, amo y señor de mi vida y sabe todo lo que necesito y la prioridad que tengo de un vehículo. ¿Por qué? ¿Por lujo? No. Por mi condición de discapacidad y porque el ministerio y mi trabajo requieren movilidad constante.

La prisa que tengo es exactamente el tiempo de Dios, cuando Él quiera y como Él quiera. Mi decisión es esperar lo mejor que el Señor tenga para mí, con la mejor actitud. Como lo hacía mi madre cuando se sentía liberada por salir de sus sencillos compromisos económicos, de la misma manera, yo, con más frentes y complicaciones financieras que ella, lo haré. El Señor se encarga y yo confío en Él, pues nada material traje a este mundo y, sin duda, nada me llevaré. Yo descanso en sus promesas, caminos y pensamientos perfectos.

«Tomó luego Samuel una piedra y la puso entre Mizpa y Sen, y le puso por nombre Eben-ezer, diciendo: Hasta aquí nos ayudó Jehová».
1 Samuel 7:12

DÍA 55: EBEN-EZER

Qué gozo cumplir 47 años de haber recibido el regalo de la vida eterna en Cristo Jesús.

Apenas era una adolescente cuando entendí que llevar una vida religiosa ferviente para mi edad, no llenaba mi necesidad de Dios. Esa fue una semana especial de mucho leer, meditar, escuchar a gente hablar de Dios, procesiones, actividades parroquiales, hasta que finalmente terminó como muchos desaprobaban: una jovencita muy devota se iba porque «le habían lavado el cerebro». No me podían perder, y comenzó la persecución. Pero hasta hoy Dios me guardó, me afirmó y me preservó para Él. Una noche de un 27 de marzo, en una pequeña iglesia, fuimos a la casa de una familia a orar porque hacerlo en público me costaba mucho. A partir de esa noche nunca he escondido mi fe en Cristo Jesús.

Hoy no estoy celebrando en una actividad de iglesia. Decidí compartir con familiares, amigos y alumnos, de una manera muy singular. Contemplar la grandeza y belleza azul creada por Dios es siempre una experiencia calmante relajante, especialmente para inflamadas articulaciones que no estaban así en aquellos tempranos años de mis inicios en el camino.

Hasta aquí el Señor ha sido fiel. Sus promesas han sido fieles y verdaderas para conmigo. Él prometió guardarnos, no dejarnos ni desampararnos Él dijo que a los que son suyos, nadie los arrebataría de sus manos. Sé que soy del Señor y que no importa lo que venga, Él me sostendrá porque así lo prometió.

Un asunto es cierto también, cuando nos hemos visto propensos a desviarnos un ápice del plan que Dios ha marcado para nosotros, Él usa su vara y su cayado para volvernos al camino suyo y enderezarnos. Eso es parte de la fidelidad del Señor. La disciplina también es parte de su amor.

En este testimonio menciono un versículo bíblico que escribió mi mentora aquel día en mi Biblia: «Sobre toda cosa guardada, guarda tu corazón, porque de él mana la vida», Proverbios 4:23. Este Eben-ezer incluye la ayuda de Dios en este proceso difícil de «guardar el corazón». Cuidarlo de odios, de rencores, de malos deseos, de rapiña humana, de toda la basura que se va acumulando en el corazón, y finalmente, nos pudre. Esto es una disciplina espiritual, una dependencia diaria de Dios. Es con someter nuestros pensamientos, razonamientos, sentimientos y voluntad ante el Padre para que el carácter de Cristo nos domine y podamos vivir. Guarda tu corazón, porque de él mana la vida. También en esto, Eben-ezer, hasta aquí nos ha ayudado el Señor.

Finalmente, es comprobar que en el Señor estoy segura y soy guardada en Cristo. Nada ni nadie me separará del amor de Dios porque el sacrificio de Cristo fue eterno, una vez y para siempre. El Espíritu Santo que comenzó su obra en mí aquella memorable noche del 27 de marzo, la perfeccionará hasta el día de Jesucristo.

«Por tanto, mis amados hermanos, estad firmes, constantes, abundando siempre en la obra del Señor, sabiendo que vuestro trabajo en el Señor no es en vano».
1 Corintios 15:58

DÍA 56:
¿CANSADO? NO TE CANSES

De todos los eventos que marcaron mi fin de semana, quiero mencionar dos. Estuve mirando detenidamente un corto video que me habían compartido, y ayer fue la primera vez que lo abrí. Muestra a una joven sola en un país donde decidió hacer su sueño realidad: estudiar lo que le gusta. Su camino diario a la alta casa de estudios y a su trabajo es el único que sigue. El video muestra su viaje en primavera, en verano, en otoño y en invierno, a pie, todos los días a pie. Se ve cómo van cambiando las estaciones y el paisaje, desde un calor casi insoportable hasta un frío casi inhumano. Pero sigue diariamente su ruta, sin protestar, todo el año.

El otro evento es un poco menos alentador. Otro tipo de juventud: pareciera sin sueños, sin anhelos, sin metas, arropada por los vicios y el descontrol, sin ningún tipo de frenos y muy lejos de medir consecuencias. Lo peor, muestra al mundo el orgullo de su vana manera de vivir.

Pareciera que han perdido el rumbo diario de sus vidas, contrario a lo que vi en el video comentado.

Me pregunté qué ha pasado con nuestras enseñanzas, con lo que hemos tratado de sembrar. ¿Ha sido en vano todo lo que, poquito a poquito, con alma, vida y corazón hemos tratado de plantar? ¿Cómo es nuestra actitud frente a los desalentadores videos que nos muestran el diario vivir de algunas personas?

El primer evento me habla de persistencia, de disciplina. No importa el viento contrario, el frío, el calor, los embates de la vida, la soledad o, a veces, la falta de recursos. La motivación que mueve la consistencia pone en marcha al individuo. La disciplina ayuda a mantenerse enfocado, empuja. No hay viento que tumbe a la persona motivada. No hay cansancio que la venza.

Es una lección para mí y para todos. Cuántas veces hemos pensado que por las muestras que vemos a diario, nuestro trabajo en el Señor no ha servido. Vemos a la gente cayendo en un abismo, a la juventud en un declive, a los adultos perdiendo el camino que los llevaba a la realización de su potencial, de sus planes y sueños. Y nos desalentamos.

Vamos a alentarnos el uno al otro. Recordemos que todas las evidencias en la Biblia muestran que nuestra labor un día dará su fruto. Es posible que esperemos hasta el final y no lo veamos nosotros, pero otro lo verá y disfrutará de la cosecha. Y, finalmente, la gloria será para el Señor, así como debe ser esa mi motivación al realizar cualquier labor para Él, su gloria y exaltación. Si realmente es para Dios, sigue adelante, el motivo es Jesús.

No te canses, enfócate en la primavera, sigue adelante. Firmeza, consistencia y disciplina harán que aquello para lo cual existes, tenga sentido. No importa lo que cueste, no te detengas. Que no sea un hábito abandonar, que caminar hasta el final sea el hábito.

«Donde esté tu tesoro, allí estarán también los deseos de tu corazón».
Mateo 6:21 (NTV)

DÍA 57: EN BÚSQUEDA DE TESORO

Con gran asombro, al inicio de mi caminar con Dios, vi una acción que luego se convirtió en normal. Cuando los jóvenes en las iglesias hacían alguna actividad o tenían ciertas maneras de proceder, nosotros, los que nos considerábamos líderes, muchas veces usábamos el dedo acusador o la palabra de desaprobación. Simplemente no se permitían algunas cosas entre la juventud. Pero un tiempo después nacieron o crecieron los niños de esos líderes y todo cambió. En este momento me estoy riendo de buena manera al recordar cómo todo cambiaba. Lo que no se le permitía a un grupo, ahora que los chicos cercanos al corazón del liderazgo crecieron, no se le decía que no a lo que ellos querían hacer en las iglesias. No, no es hipocresía. El corazón ahora estaba inclinado a lo que cada uno consideraba su tesoro o sus tesoros.

Sí, el tesoro no solo significa algo material, aunque en estos versículos que anteceden al que nos ocupa hoy, Jesús habla de ello, advirtiendo sobre acumular tesoros en la tierra. Tesoro es todo aquello considerado como lo más valioso para nosotros, sean personas, bienes, acciones, eventos.

He visto a tanta gente sucumbir por las precariedades y por la pobreza económica que han tenido que enfrentar después de una crisis del país, mundial o de su propia casa. El hecho de no poder resolver holgadamente las necesidades en una casa, desalienta a muchos. El no poder vivir en los lujos y las demandas de estos tiempos, comparándonos con los demás vecinos, también trae amargura de corazón a otros.

¿Dónde hemos puesto nuestro corazón? Es posible que tuviéramos una manera más holgada de vivir y ahora todo ha cambiado. El desplome económico que trae el hecho de no tener un buen trabajo, de no haber heredado riquezas, de experimentar un fracaso financiero, nos puede revelar dónde realmente teníamos el corazón. Llegamos a considerar aquello como nuestro tesoro, aunque no nos diéramos cuenta. Pensamos que tendremos seguridad si tenemos y acumulamos. Entonces, nos volcamos a una carrera idolátrica hacia aquello que es pasajero y se pudre.

Jesús dijo claramente que donde esté nuestro tesoro, allí estará nuestro corazón, allí estarán nuestros anhelos; es donde vamos a poner toda nuestra mirada y nuestro empeño, aquello por lo que vamos a luchar.

Es necesario escudriñar, buscar, como en aquellos días de campamento, dónde está el tesoro nuestro. Si no queremos que el comején, el hollín ni ninguna otra plaga dañe nuestros tesoros, es necesario cambiar el enfoque. Será necesario inclinar nuestro corazón hacia la palabra de Dios, la obediencia a ella, las disciplinas espirituales que van a fortalecer nuestras vidas en las crisis para ser guardados en Dios.

Las crisis revelan cuáles son nuestros tesoros. Nuestro carácter incluso es revelado dependiendo del momento en que estemos viviendo. Por tanto, para que nuestro corazón esté en el lugar correcto, inclinado hacia lo verdadero y duradero, busquemos con cuidado qué es lo que consideramos como nuestro tesoro más valioso. Reenfoquemos, entonces, la dirección de nuestros anhelos, deseos y obediencia.

«Honroso es al hombre evitar la contienda, pero no hay necio que no inicie un pleito».
Proverbios 20:3

DÍA 58: RETÍRATE A TIEMPO, ILESO

En estos días han ardido las redes, las noticias, las lenguas, las conciencias, con un evento que sucedió durante la entrega de un premio muy famoso. Los memes que han surgido y los juicios no se han detenido. Sin ánimo de juzgar o comentar lo sucedido, solo observo y compruebo lo fácil que es entrar en una contienda, pero, sobre todo, lo fácil que es caer en la boca de la gente.

Cuando era niña, yo acostumbraba a hacer algo que no mereció aprobación en mi casa. Mi padre era carnicero. Usaba cuchillos, por supuesto. Mi madre hacía chicharrones y «fritos» (vísceras de cerdo, morcilla). Usaba cuchillos. Cuando yo presentía o veía algún conflicto con vecinos, entre vecinos o gente cercana, lo primero que hacía era ir a esconder los cuchillos de mi casa. No tenía mucha conciencia en aquel entonces, pero lo único que pensaba era en que, si se armaba un pleito, por lo menos en mi casa no iban a ayudar usando los cuchillos. Para mí era importante mantenerlos lejos de pleitos.

Al pasar los años, en la escuela me decían «pava», cobarde, «gallina», porque no peleaba. Muchos años después, considero que trato de evitar contiendas a toda costa.

La Escritura dice en Proverbios 20:3 que es una honra para el hombre evitar contiendas, pero también iniciar un pleito. Otro texto advierte que es mejor evitar conflictos porque puede que no sepamos qué hacer cuando seamos avergonzados en medio de la situación, Proverbios 25:8.

La cultura de paz es difícil de cultivar, de desarrollar. «El trato por el buen trato» es un lema escolar muy importante. Nos rigió por algunos años en las escuelas y sigue siendo un valor a promover. Todo lo que pudiera parecer que enciende una mechita de conflicto, tenemos que evitarlo, y no es que seamos «gallinas» o cobardes. De nuestra parte, bíblicamente, debemos estar en paz con todos.

¿Algo mío le molesta a alguien? Siempre será así. Algo va a molestar. La gente tendrá de ti, de mí, una opinión. No podremos evitarlo. Sí podemos evitar levantar contiendas, iras, celos, rencillas. Hay que pedir fuerzas al Señor y empeñarse en hacerlo. Retirarse a tiempo de lo que pudiera parecer un conflicto es de sabios, es honra del hombre. Salir ileso puede ser un milagro y podemos salir ilesos. Esa es mi convicción y un valor personal que emana de un principio universal.

Jesús es un modelo de paz, es quien nos enseña también la paz y a vivir de esa manera. Dejar brotar la ira y decir cuatro verdades en la cara sin medir consecuencias, es casi un *modus vivendi*, pero encontraremos en el Maestro la ayuda necesaria para escabullirnos y no agredir, ni salir nosotros con un hematoma en el alma. Si escondes el cuchillo, es posible que no haya nadie herido.

«No gritará ni levantará la voz; no se hará oír en las calles. No hará pedazos la caña quebrada, ni apagará la mecha humeante. Traerá la justicia por medio de la verdad».

Isaías 42:2-3

DÍA 59: TIERNAMENTE RESTAURADO

Se dejaron de usar los «inversores» en muchos hogares de mi pueblo debido a que tendríamos «luz 24 horas». Las baterías fueron sustituidas, regaladas, vendidas o, simplemente, desechadas. Igual los inversores. En poco tiempo comenzó a fallar la energía y en mi casa se compró una lámpara de tubo.

Me viene a la memoria cuando mi madre encendía las lamparitas humeadoras. Eran de un pabilo largo, hecho en casa; su aspecto, inolvidable. Recuerdo que cuando el pabilo comenzaba a perder la forma o a humear desprendiendo aquel humo negro desagradable que teñía todo, mamá apretaba el pabilo con sus dedos y lo apagaba. Buscaba unas tijeras, lo arreglaba y le echaba gas, trementina o lo que se usara como combustible. Siempre recuerdo esas escenas. Muchas veces no había para sustituir la lamparita, pero ella era experta arreglando pabilos.

Jesús es el más grande y tierno restaurador de pabilos. El profeta Isaías profetizó que el Señor sería muy tierno y nos trataría con inmensa consideración y cariño. Se refería, en especial, a esos momentos cuando tú y yo nos sentimos tan frágiles como una caña delgadita de bambú o de otra madera que está quebrada o como un pabilo que humea porque solo tiene una pequeña chispa y su gas, su aceite, su combustible no alcanza para más.

Ser como una caña cascada o como un pabilo que humea se puede referir a esa condición interna que nos llega provocada por el trato de otros. Podrías volverte un pabilo humeante por cada burla, humillación, muestra de indiferencia, palabras desalentadoras, rechazo, o cuando alguien pone el pie delante de ti para que tropieces y caigas o para que no avances. Muchas personas son tan sensibles al mal trato de otros que su mecha se apaga, su combustible se va gastando y lo único que desprenden es un humo negro que no les deja brillar. Sus vidas se van rompiendo, astillando de la misma manera que se quiebra una cañita a la orilla del río.

Jesús con su ternura y amor, hoy te dice: «No te voy a gritar, no voy a levantarte la voz, no te voy a romper ni te voy a apagar». El profeta Isaías dice que el Siervo, Jesús, lleno del Espíritu de Dios, traería justicia y alentaría a su pueblo y nos afirmaría. En este mismo contexto, se nos dice que no debemos temer porque Él está con nosotros, que es nuestro Dios y siempre nos sostendrá. Si otros te tratan mal y eso te desanima y apaga lo que hay dentro, el

Señor ha dicho que va a restaurar y encender la pequeña chispa que nos queda y, también, que pegaría los pedacitos de nuestra caña para que no se termine de quebrar. Él es así, un restaurador.

«No lo digo porque tenga escasez, pues he aprendido a contentarme, cualquiera que sea mi situación».

Filipenses 4:11

DÍA 60:
¿PARA QUÉ QUIERO MÁS?

«Si tan solo tuviera un celular de última generación», «si en mi casa hubiera aire acondicionado o calefacción central», «si mi auto fuera del año»...

Cada día el consumismo nos arropa por las cuatro esquinas, no hay por donde escapar, nos bombardean constantemente. El año está lleno de fechas, de celebraciones, de «días de...», de «fiestas de...». El hecho de tener, comprar, regalar y celebrar se ha convertido en un motivo más de afán y ansiedad.

Esta nueva forma de vivir ha traído como resultado que muchas veces no estemos contentos con lo que tenemos, con lo que podemos conseguir, comprar o ganarnos de manera limpia. Y creemos que estamos en escasez y que el rico y abundante es aquel vecino que posee todo lo de última moda. Estamos mirando del otro lado de nuestra cerca del patio y todo lo del otro lado se ve mejor, más verde y bonito. Es posible que ni tú, mi amigo, ni yo hayamos escapado a esta situación enervante.

La palabra de Dios nos dice hoy que podemos aprender a vivir con contentamiento cualquiera que sea nuestra situación. Es decir, es un aprendizaje que se puede lograr, no viene incluido el contentamiento en el paquete que nos entregaron, pero se puede aprender. Para eso, tenemos que desaprender, echar a un lado los paradigmas viejos. No solo se puede aprender a contentarnos en la escasez, sino también cuando tenemos todo o casi todo. ¿Por qué? Porque hay una tentación grande cuando lo tenemos todo. Pensamos que, si tenemos más, que, si sobrepasamos al vecino, será mucho mejor. Hemos aprendido a competir con los demás en este sentido. Vemos las redes y averiguamos qué es la tendencia del momento en todos los ámbitos y queremos imitar todo, queremos adquirir todo. Mientras más sobrepaso lo que tengo y tiene el amigo, me siento más contento. Y vamos corriendo en una carrera que nos hará caer en el barranco. Este barranco puede incluir deudas impagables, un callejón sin salida.

La Biblia parece presentar las cosas de manera tan simple que dice: «teniendo sustento y abrigo, estad contentos con lo que tenéis». ¿Sustento y abrigo? ¿Solo eso? ¿Qué incluye el sustento hoy? ¿Es solo comer? No. Sabemos que no. No es solo comer, hay mucho más que eso para que sea sustento. Contentamiento.

¿Para qué quiero más? ¿Para mis propios deleites, aumentar mi ego y restregarle en la cara al que tiene menos? ¿O quiero más para aumentar mis posibilidades de colaborar con la obra de Dios, invertir en misiones, cooperar con los obreros de la viña del Señor, para ayudar al más necesitado en sus calamidades y para tener algo ahorrado para los días malos cuando nadie nos da trabajo? Eso es honorable. Eso es piedad.

El otro asunto es que el contentamiento debe ir acompañado de la piedad. Si ayudo, si pongo algo en la mano del que necesita, también el contentamiento debe acompañar esa acción. No lo haremos para que Dios nos dé más, no es un negocio, no es un trueque. No. Cuando colaboro, la alegría interna también debe acompañar esa gracia de dar.

Por tanto, amigo, todo esto lo podemos aprender. En cualquiera situación que estemos, debemos estar contentos con lo que tenemos y con lo que aportamos.

«Regocijaos en el Señor siempre.
Otra vez digo: ¡Regocijaos!»
Filipenses 4:4

DÍA 61:
ENCIENDE TU LLAMA EN JESÚS

Alberto Benjamín Simpson, el insigne iniciador del movimiento Alianza Cristiana y Misionera dijo una vez: «Cuando no puedas regocijarte en los sentimientos, circunstancias o condiciones, regocíjate en el Señor».

Es domingo, un día especial en toda la faz de la tierra, cuando los creyentes de todo el mundo se aprestan para encaminarse hacia lo que llamamos la casa de Dios, el templo o como le prefieras llamar. La adrenalina de muchos está arriba porque van a ministrar, cantar, enseñar, predicar o van, simplemente, a asistir, a ser parte de la congregación que adora a Dios. Qué hermoso es habitar los hermanos juntos en armonía y ¡cuánto perdimos por algunos meses cuando no podíamos reunirnos de manera presencial! El abrazo, los saludos, la compañía de los santos enciende la chispa del regocijo en nosotros como pueblo de Dios.

Termina el servicio (servicio a Dios) y todo estuvo hermoso, participamos con alegría y gozo. Algunos, incluso, pudieron tomar parte del almuerzo que hubo en la iglesia o de cualquier otra actividad extra. Estamos plenos. Ahora se rompe la taza y cada cual para su casa.

Es ahí donde comienza la prueba de muchos. Hablo de aquellos que vuelven a sus casas solos, sin compañía. Solos, a cocinar tal vez; solos, a seguir haciendo quehaceres; solos, a pensar y pensar. ¿Has sufrido ese síndrome de domingo en la tarde, querido amigo?

Llegas y, por más que quieres iniciar, no «prendes», como decía un anuncio de un político dominicano. Simplemente, no «prendes». Es como si el regocijo de pocas horas atrás se hubiera esfumado y viene una avalancha de sentimientos, pensamientos porque las circunstancias no son las más apetecibles posiblemente. Es ahí donde quisiera tiernamente recordarte, amigo, la compañía del Señor, la sola presencia de Dios. Es en ese momento que sugiero recordar cuando el Señor dice: «Mirad a mí, grande es en medio de ti el Santo de Israel».

¿Por qué deseo compartir esto contigo? Porque en algún momento, cualquiera de nosotros ha vivido ese evento. No encontramos cómo regocijarnos ni en qué. Tenemos los sentimientos deshechos, las emociones por el piso, las condiciones muy precarias en todo sentido y las circunstancias imperfectas.

Recuerdo entonces la frase de A. B. Simpson: «Cuando no puedas regocijarte en los sentimientos, condiciones o circunstancias, regocíjate en el Señor».

Y más que esa frase, la cita bíblica que hoy nos ocupa: «Regocijaos en el Señor siempre, otra vez digo: ¡Regocijaos!».

Cuando nada parezca encender la llama del regocijo en ti, piensa en Jesús, en sus momentos de soledad, de lejanía, cuando todos se fueron y se quedó solo. Piensa en su sacrificio por ti y por mí para que hoy tuviéramos gozo no importando las condiciones, los sentimientos o las circunstancias. Regocíjate en Él, así como cuando estabas en la congregación adorando en compañía. Es en el Señor, no es en nada o nadie más. Él es Todo suficiente para encender en ti el gozo y el regocijo en el Espíritu, depende de Dios.

«Entonces Manoa oró al Señor: "Oh Señor, te ruego que permitas que vuelva el hombre de Dios que nos enviaste, para que nos enseñe cómo criar al niño que va a nacer"».

Jueces 13:8

DÍA 62: PATERNIDAD INTENCIONAL

Todos los días, a la hora de comer, fuera el desayuno, el almuerzo o la cena, si lo hacíamos juntos, un cuñado mío muy particular, tomaba la palabra estando a la mesa y comenzaba a instruir. Las horas del almuerzo o la cena sobresalían porque casi nunca desayunábamos juntos a causa de la escuela. Pero el padre de estos sobrinos míos, con los cuales casi crecí, nunca dejó de dar instrucciones de la manera más sabia y con su singular sentido de la vida.

Y recuerdo, por supuesto, a mi propio padre. No tenía mucho tiempo para sentarse a la mesa con la gran cantidad de hijos en mi casa, pero papá nos instruyó con el ejemplo, el tesón, la honradez.

¿Quién está educando a los hijos hoy? Ya no es la televisión, eso pasó de moda. Ahora es una serie de dispositivos, de programas, de compañías que nos dejan boquiabiertos. Son los que dictan las pautas a seguir a los jóvenes, son los héroes y los líderes. Lejos está el hogar de ser la guía;

mucho menos la escuela. Decimos que la escuela es el segundo hogar, pero muchas veces no sabemos cuál es el primero.

Encontramos en la Biblia un personaje que desde que lo conocí, me dejó pasmada. Un futuro padre cuyo modelo de actuar está lejos de lo que sucede hoy día. Este hombre llamado Manoa no estaba en casa cuando su esposa recibió la visita del ángel de Dios quien le anunció que tendría un hijo, eliminando, así, su esterilidad.

Cuando Manoa se entera, lo único que pide es que este ser divino vuelva y les enseñe, por favor, cómo deben criar al niño y cómo deberá ser su conducta. ¡Increíble! Esto es casi inaudito. Nunca había visto un personaje que se interesara en una guía detallada para criar a su niño que aún no había nacido.

Manoa nos enseña así la paternidad intencional. Había intención en él para criar a su niño. No quería que fueran otros que lo criaran; no deseaba que los sistemas humanos le dictaran las pautas, quería que fuera el Señor. Un hombre preocupado por la crianza y la conducta de su hijo todavía no concebido, mucho menos nacido.

¿Podrías tú pensar, querido amigo, lo interesante que es esto? Nosotros vamos a los profesionales, a los programas, a los libros, a la televisión, al internet para que nos enseñe cómo criar. Todo eso está bien, que busquemos todas las ayudas. Pero tenemos en Dios un manual exquisito y claro para la crianza y el comportamiento. Es necesario hoy más que nunca que regrese el varón de Dios y nos indique. Dios nunca se va a equivocar, no importa si el niño ya está nacido o si todavía está en el anhelo o es embrión o feto. Dios nos enseñará. Preguntas sinceras al Señor traerán clara enseñanza.

«Dios, Dios mío eres tú; De madrugada te buscaré; Mi alma tiene sed de ti, mi carne te anhela, En tierra seca y árida donde no hay aguas, Porque has sido mi socorro, Y así en la sombra de tus alas me regocijaré. Está mi alma apegada a ti; Tu diestra me ha sostenido».

Salmos 63:1-7-8

DÍA 63:
CAMBIO MI ENTORNO

Nos decían nuestros padres aquel viejo refrán: *El que anda con cojos, al año cojea, el que se junta con perros, a ladrar aprende*. Ciertamente, eso llenaba nuestras cabezas siendo niños y luego lo volvimos a escuchar siendo mayorcitos. ¿Cuál era la verdad implícita en estos dichos? No es de dudar, que un cojo solo puede enseñar a cojear y un perro solo puede enseñar a ladrar. No hay nada más. Depende con quien te juntes, eso vas a aprender. No era extraño escuchar a la mamá decirnos: «No te juntes con fulanita ni con perencejo». ¡Ay esos días! A veces era la primera persona con quien nos juntábamos a jugar y casi siempre uno salía embarrado, un chisme, un pleito, una buena «pela» (una golpiza).

No es diferente en los demás ámbitos de la vida. Crecemos en un entorno adecuado, y si somos la suma o el promedio combinado de las cinco personas con quienes pasamos más tiempo, entonces hay que «codearse» con las personas y los medios que nos van a colaborar en el crecimiento

El salmista David parece que sabía esto bien y en el Salmo 63 expresó su decisión en cuanto a la persona, el tiempo, las razones por las cuales se iba a hacer acompañar del mejor: Dios.

Dios es la mejor compañía, la persona que más nos puede influir para nuestro desarrollo. Su palabra, su presencia, sus mandamientos, sus llamadas de atención, su disciplina. Todo lo que Él es y hace es un bien para ti y para mí. David está hablando de buscar la persona correcta en nuestro entorno. Expresa el momento o los momentos del día cuando va a acercarse a Dios: de madrugada. No importa la hora del día en que comencemos a cambiar nuestros hábitos de juntarnos con el Señor; mientras más temprano, mejor. La razón por la cual busco al Señor como la persona más influyente en mi vida es por mi propia necesidad de Él. Mi alma tiene sed de ti, mi carne te anhela, dice. Esto es, nuevamente, santa inconformidad.

El entorno de sequedad y aridez que tal vez te ha rodeado y, en momentos, a mí también, debe ser cambiado. Es la presencia de Dios la única capaz de cambiar ese entorno y volverlo en ríos y manantiales de vida. El Señor ha sido nuestro socorro y, por eso, bajo sus sombras me regocijo.

Tenemos que buscar el suelo adecuado que nos alimente; el aire correcto para poder respirar y mantenernos vivos. Además, debemos procurar refugiarnos en el clima correcto para vivir, un clima que nos sostenga. Y es la diestra del Señor la que nos ha sostenido.

La única manera de que todo esto se dé, que crezcamos en el entorno adecuado, es que nuestra alma se mantenga apegada a Dios. El Señor nos sostendrá para siempre y seremos ese musgo, arbusto, árbol gigante, lucecita, rayito, estrella o sol que Él quiere hacer de nosotros para dar y ser lo mejor.

«...y dijo (Dios): Si oyeres atentamente la voz de Jehová tu Dios, e hicieres lo recto delante de sus ojos, y dieres oído a sus mandamientos, y guardares todos sus estatutos, ninguna enfermedad de las que envié a los egipcios te enviaré a ti; porque yo soy Jehová tu sanador».

Éxodo 15:26

DÍA 64: SANADOR

Aquella noche ya yo estaba hastiada casi al extremo por haber pasado unos veinte y cuatro o más días con una cistitis. No había forma de que esto cediera y, lo peor, no podía quedarme en casa porque tenía trabajo qué hacer y mi vida era muy activa: trabajo, estudios y ministerio. Recibí una llamada informando que una sobrina había tenido un accidente y estaba en otra ciudad. Me movilicé hacia allá y fue una odisea viajar en autobús con esta situación. Cuando llegué al lugar donde me iba a quedar esa noche, la situación empeoró y recuerdo que entré al baño, casi desesperada. Me revestí de autoridad y comencé a darle órdenes a mi cuerpo, a mis órganos (no sé dónde aprendí eso) y seguí hablando ahora a la enfermedad (eso creo que lo aprendí de Jesús cuando le habló al espíritu sordo y mudo y a los demonios del muchacho aquel). No sé cómo explicar lo que pasó, pero yo estaba sentada en el baño y de repente, esa cistitis comenzó a ceder, a irse y desapareció milagrosamente. Yo estaba sola, nadie oró por mí, nadie me impuso las manos y nadie me ungió con aceite, pero estaba con el Señor y le recordé sus promesas. ¡Aleluya! Los días de humedad y de vergüenza pasaron esa noche memorable. Sé que Dios me sanó, Jehová Rafa.

El Señor prometió a su pueblo en el desierto que sería su sanador. Sanador no solamente del cuerpo, sino del alma y del espíritu. Hay enfermedades que nos vienen y no encontramos la razón, el origen, la causa, pero están ahí, a veces latentes. Hay situaciones que afectan nuestras emociones y nos enferman; de manera que necesitamos un sanador. Y la peor, la enfermedad espiritual que solo puede sanarse a través recibir el regalo de la vida eterna que Cristo ofrece gratuitamente.

Estos tres tipos de enfermedades tienen su sanidad en la misma fuente, Dios. El sacrificio de Cristo en la cruz es suficiente para sanarnos, en todo sentido.

La amargura de aquella agua en el desierto fue sanada por la intervención sobrenatural de Dios. Las amarguras de nuestras vidas solo pueden ser cambiadas por el toque divino. Aquellas enfermedades fruto de la desobediencia y el pecado también pueden ser quitadas, a través del perdón que da Jesús cuando nos arrepentimos sinceramente. Él puede sanar las consecuencias de nuestras culpas y pecados, realidad que ha traído probablemente una afección a nuestro cuerpo o a nuestra alma. Dios puede, sí, Dios puede. Es Jehová Rafa, nuestro Sanador.

Él condicionó su sanidad, en este texto, y eso me llama la atención. Expresó claramente que sanaría al pueblo si ellos escuchaban atentamente los dichos de Jehová y atendían a los mismos, obedeciéndolos. Hoy podemos encontrar sanidad en Cristo, por lo que hizo en la cruz. No por mérito propio. Nuestra salud descansa en la obra expiatoria de Cristo Jesús, nuestro amado Sanador.

«Cada uno según el don que ha recibido, minístrelo a los otros, como buenos administradores de la multiforme gracia de Dios».

1 Pedro 4:10

DÍA 65: UNA VIDA PARA SERVIR

Cuando Ludwig van Beethoven, de espaldas al público, terminó de dirigir un famoso concierto que en aquella ocasión incluía la voz, al final siguió gesticulando apasionadamente sin escuchar lo que pasaba. Una solista entonces se dirigió a él para que se volteara y mirara cómo la multitud lo aplaudía estruendosamente. Entonces su gesto cambió al ver la total aceptación a su trabajo.

Algunos son ciegos; otros, sordos. Unos no pueden caminar, otros no pueden hacer movimientos, muchos han perdido las capacidades físicas. La mayoría ha podido vivir una vida de entrega y servicio a los demás. Y, claro, es posible que unos no hayan podido resistir esta condición y se han encerrado en sí mismos negando la posibilidad de disfrutar de sus talentos y habilidades a todos.

¿Has recibido burlas (*bullying)* por tu condición? Es posible que sí. En menos de tres meses he recibido más de las que recibía cuando era niña y me decían: «Sorda», «te haces», «escuchas lo que te conviene»... Ahora, en casi el ocaso de mi vida, también: sofisticadas, disfrazadas o a las claras, pero burlas al fin.

Pero algo interesante ha sucedido. Descubrir que sí puedo servir con lo que he recibido del Señor y en lo que he invertido para aprender y formarme, a pesar de las condiciones físicas, y encontrar lo que realmente me apasiona, cambia todo. Un día dije: «Me estoy preparando para cuando no pueda escuchar más, ya sé exactamente en lo que voy a invertir el resto de mis días». Y lo estoy haciendo.

Amigo, decidir servir a Dios y a los demás, ganarte la vida con lo que sabes hacer, sostenerte a pesar de las limitaciones, es un gran descubrimiento que puedes hacer. No te subestimes, algo excelente o muy bueno sabes hacer, que viene de Dios. Con eso que el Señor te regaló para que vivas y sirvas, sírvele a Él y a los demás.

No importa si no escuchas los aplausos, puedes ver el fruto de lo que haces. No importa si no pudiste descubrir en tus años tempranos lo que más te apasiona, si llegó el tiempo de saberlo, disfrútalo con pasión. Vive tu pasión. Solo si puedes vivir para servir, tendrás satisfacción en lo que haces. Sirve con amor, esto puede incentivar a otros a hacerlo junto a nosotros. Dependiendo del Señor, podemos servirlo dándole la gloria a Él y utilizando lo que somos y sabemos para ayudar a otros. Es posible que no pueda escuchar claramente una conversación con alguien, y me quede en blanco, como Beethoven, pero puedo escuchar y sentir lo que lleva dentro y con la ayuda de Dios, llegar allí.

«Jehová está conmigo; no temeré lo que me pueda hacer el hombre».
Salmos 118:6

DÍA 66: ¿CUÁL ES TU MANTO DE APEGO?

Cuando vi aquella jovencita viajando con una almohada pensé que era simplemente para recostar su cabeza cómodamente, pero la madre nos explicó que a dondequiera que iba, llevaba ese objeto. Un tiempo después miraba cómo un niño, ya casi un adolescente, andaba con un muñequito de trapo o de algún material suave; no lo dejaba en ningún lado, dormía con él, lo sentaba con él a comer, lo traía a la escuela y viajes. Eran sus mantos de apego. Los niños se aferran a sus muñecos, juguetes y a sus mascotas. Los adultos jóvenes a sus profesiones, a sus empleos. Los ancianos se aferran a sus casas, a sus tierritas, a sus pequeñas propiedades, a sus historias ¿Y tú y yo? ¿A qué?

Es así como comencé a analizar nuestras propias inclinaciones. Lo más probable es que tengamos nuestro manto de apego, eso que nos ayuda a sentirnos seguros y de lo cual dependemos en los momentos de temor. Descubrí entonces, que hay personas que han cifrado su confianza en lo externo y no precisamente en las promesas de Dios. Y yo he estado en ese punto también.

La Biblia tiene 365 versículos que nos recuerdan los «no temas» de Dios. Tal parece que Dios sabía que cada día del año tendría que recordarnos la importancia de echar nuestros temores sobre Él. Hay toda una gama de circunstancias y situaciones en las que el Señor nos dice que no debemos temer.

Cuando te dijeron que debías salir de ese lugar que te daba seguridad, un buen trabajo, probablemente te llenaste de temor, de miedo. Cuando te incapacitaron porque ya tu cuerpo no responde de la misma forma, te llegó el temor a lo que pudiera suceder contigo. La declaración de una enfermedad degenerativa o del tipo que sea trajo como resultado el miedo que llevas por dentro. Esa ruina económica en algún momento de tu vida, te llenó de miedos. Finalmente, lo que sucedió es que todo se vino abajo cuando se dañó la relación, el miedo te arropó. Eso nos habla de que tenemos nuestros mantos de apego y no los queremos soltar por nada.

Es necesario soltar aquello a lo que estamos apegados, aquello que no es el Señor y asirnos de Dios y sus promesas. Él ha dicho: «no temas lo que pueda hacer el hombre». Si Jehová está conmigo, no temeré lo que pueda hacer el hombre. El «no temas» de hoy es este: «¿Qué puede hacer el hombre que me perjudique a mí?». ¿Tengo yo miedo a enfrentar alguna situación o a una persona porque pienso que esa persona tiene tanto poder o influencia, que voy a salir perjudicado? Si es así, no estoy apegado a Dios, estoy apegado a las circunstancias y a la seguridad externa.

Hoy el Señor te dice: «No temas». Él tiene todo bajo su control. Lo que parece ser un perjuicio para ti, Él lo traerá a bien. Confía solamente, suelta tu mantito de apego y aférrate en tu Padre celestial.

«Los hijos que tenemos son un regalo de Dios. Los hijos que nos nacen son nuestra recompensa».
Salmos 127:3 (TLA)

DÍA 67: SON PRESTADOS. ¡CUÍDALOS!

Unas horas atrás, por medio de la expresión escrita, leía el corazón de una madre que acababa de despedir a su hijo mayor, quien emprendía vuelo propio hacia el mundo productivo del trabajo. Su felicidad por los logros del joven se notaba a flor de piel, pero, de esa misma manera, era tangible su nostalgia por la despedida de su amado hijo. Esta madre decía: «Los hijos son prestados por Dios, hay que dejarlos emprender su vuelo y darles el mejor ejemplo, los mejores valores, y mucho amor». Y pensé en María, sí, la madre de Jesús.

Pocas veces pensamos en ese personaje que tiende a ser relegado. En cada etapa de la vida de su hijo, Jesús, ella estuvo ahí, desde que recibió ese singular llamado antes de que naciera el Salvador, en silencio, callada, enfrentando todo tipo de circunstancias, hasta el final de la vida terrenal de Jesús e incluso después, siendo del grupo que esperaba la manifestación de Espíritu Santo a la iglesia naciente. Siempre estuvo ahí. Pero lo que más me llama la atención es su misión: criar, educar, dar el ejemplo, acompañar a su hijo, porque sabía a qué había venido el Dios-Hombre. La Biblia dice que ella guardaba todas las cosas en su corazón.

Quiero que recuerdes lo crucial que es para el Señor la misión encomendada al hombre en el Edén: multiplicarse. Este era su propósito. Era tan importante que a unos jóvenes casados que derramaron su semilla en tierra, lo cual era algo inadecuado para el Señor, les quitó la vida. Literalmente así dice la Biblia, a Onán y Er, hijos de Judá. Para Dios los hijos siempre han sido una bendición, una herencia que pertenece a Él, son un préstamo a los padres y al mundo.

Si los hijos son una herencia que pertenece a Dios y son la recompensa de los padres como fruto del vientre, tal parece que el empeño que se debe poner en su crianza es muy serio. Requiere dedicación, abnegación, disciplina, valores, ejemplo, cooperación y sobre todo amor. Este mismo amor, hará que todo lo demás sea posible. Si los hijos son prestados por Dios y son de alta estima para Él y nosotros, Él mismo se compromete a apoyarte en tu labor de padre o madre.

Esto fue lo que entendió muy claramente María y también José al criar a Jesús. Ella lo acompañó en su misión, hasta el final. Es lo que entiende la madre de nuestra historia de hoy. Empeñada, sacrificada, abnegada, llena de amor acompaña a su hijo hasta entregarlo a su nueva vida luego de finalizar sus estudios.

Si no te ha tocado la bendición de ver a tus hijos crecer apegados a Dios como quisieras, no todo está perdido. Si les diste un ejemplo bueno y los ves desviarse por donde no debe ser, todavía hay tiempo. Ora por tus hijos. Sigue compartiéndoles la Palabra. Dios hará que esa palabra germine y un día verás el fruto. No te eches a morir por la condición en que están tus hijos. Dios puede.

Y cuando vayas a devolver la herencia que Dios te prestó, empéñate en darle lo mejor, con beneficios e intereses. Qué la semilla que sembraste un día, no se haya echado por tierra, que el fruto glorifique al dueño y bendiga a miles. Si permitiste a tu hijo nacer, la Biblia dice que ese hijo es tu recompensa, una bendición.

«Aun mi íntimo amigo en quien yo confiaba, el que de mi pan comía, contra mí ha levantado su calcañar».

Salmos 41:9

DÍA 68: AMARGA COMO HIEL

Compartíamos la escuela, los juegos y las amiguitas, sin embargo, no compartíamos el mismo estrato social, pero sí el cariño de niños, ese que no entienden los adultos. Repentinamente, un día todo cambió. Recibí las punzadas de la traición infantil. Cuando un amiguito te desprecia y te dice que no puede juntarse contigo porque no tienes la misma posición social o económica, resulta ser una de las heridas más profundas. Para mí, significó una traición a la amistad limpia, al cariño y la confianza.

En estos días recordamos aquella inolvidable ocasión cuando el Maestro, el Amigo, el Consejero, el Formador, recibió lo que podría considerarse la puñalada más profunda para Él. Judas era uno de los discípulos de más confianza para Jesús. Guardaba el dinero, era el tesorero del grupo y estaba muy cerca de Él, aunque no era de su círculo íntimo, pese a que, en la última noche de ellos juntos como equipo, compartiera el pan del mismo plato.

Ese Judas, con el conocido beso en la mejilla, traicionó, vendió al Maestro. Yo no puedo imaginar el sentimiento humano del Dios-Hombre en ese momento, pero sí puedo intuir que aquella traición, fue amarga como la retama y la hiel.

Es probable que venga a tu mente, mi amigo, alguna ocasión en la que te has sentido traicionado o, quizás, tú mismo has traicionado a otro, a alguien de confianza. Esa confianza que pusiste, ese cariño sincero e incondicional que le diste al otro, esa amistad clara y limpia. Todo eso fue salpicado por la amarga hiel de la traición, la deslealtad, la perfidia y la vileza. Por eso, el corazón se llenó de tristeza amarga.

Me hace pensar que a ninguno de nosotros nos simpatiza la traición; ninguno quisiera pasar por esa bajeza. Pero, a la vez, recuerdo que al Hijo del hombre, al Perfecto, al Bueno, Santo y Justo, lo traicionaron, y yo no soy mejor que Él. La experiencia puede que se dé, puede que llegue a mi vida, pero es mi actitud la que debe contar, pues puedo llenarme de amargura, o perdonar y seguir adelante. Lo único que Jesús dijo a Judas fue: «¡Judas! ¿Con un beso me traicionas a mí, el Hijo del hombre?» Lucas 22:48 (TLA). No era un regaño, no era una condenación, expresaba la sorpresa, aunque lo sabía, ante un hecho tan desafortunado para Judas. Era como si le dijera: «*Wao*, Judas, me traicionaste, a mí, no lo esperaba de ti».

Querido amigo, sabemos que Jesús nos entiende perfectamente porque pasó por eso. No hay experiencia humana de dolor que Jesús no haya experimentado. No estamos solos en esto, pero nuestra actitud cuenta. Pasar la amargura y dejarla salir, aunque no sea fácil, nos librará de una vida llena de tristeza. ¿De qué sirve una vida amargada? De nada.

«Cuando Jesús hubo tomado el vinagre, dijo: Consumado es. Y habiendo inclinado la cabeza, entregó el espíritu».
Juan 19:30

DÍA 69: PASADOS, PRESENTES Y FUTUROS

«Señora, perdone que la interrumpa, pero quiero preguntarle: "¿Es verdad, verdad, completamente verdad que Dios puede perdonar todos los pecados?. Lo que realmente quiero saber es si a esas personas que se han cansado de pecar y que han hecho tanta maldad al mundo ¿serán perdonadas?"».

Esta pregunta o interrupción sincera, como la queramos llamar, me fue hecha justo en este día cuando comencé a presentarle las buenas noticias de Jesús al taxista que me transportaba. Aprovechando el trampolín y nuestra pasión por hablar de Jesús, le pregunté si él sabía qué era lo que se recordaba o celebraba esta semana (Semana Santa). No entiendo por qué el hombre gagueaba al responder, pero después me di cuenta de que la pregunta en su mente no lo dejaba tranquilo. En cada punto del Evangelio, me hacía alguna intervención, pero cuando estaba en el punto de pecado, explotó. Él no podía entender de ninguna manera cómo había gente que peca tanto. La respuesta mía no fue halagadora cuando le conté de los tres pecados diarios, pero fue peor cuando hablé de Dios. Su rostro cambió cuando le dije que esas no eran las mejores noticias, sino que Jesús vino para arreglar esa situación. Lamentablemente, yo ya estaba llegando a mi destino.

Gracias a Dios pude aclararle que todos los pecados pueden ser perdonados por la obra expiatoria y sustitutiva de Cristo. La pregunta sincera del hombre y el tratar de explicarle con argumentos bíblicos, hizo que al bajarme de ese taxi yo pudiera terminar con más fe y él pudiese aceptar ese regalo. Le dejé un librito donde podía terminar «nuestra conversación», ya que el tiempo de servicio finalizó. Esto me dejó una gran inquietud.

Es posible, amigo y hermano que tú, también, tengas la misma incógnita: «He pecado tanto que no sé si Dios pueda perdonarme todo». La buena noticia es que la frase dicha en la cruz por Jesús, que nos ocupa hoy, precisamente, nos responde. Cuando Él dijo: «Consumado es», no lo expresó en español, ni en inglés, sino que usó un término griego que se lee: *Tetelestai*, el cual significa que «la deuda completa ha sido pagada», no debes nada, deuda cancelada. Cuando vas a tomar un préstamo o un efecto a crédito y pagas el último pagaré, eso es *Tetelestai*. Te entregan una carta de saldo indicando que usted no debe nada en ese negocio, porque ya pagó todo.

No hay pecado grande o pequeño que no pueda ser cubierto por ese «consumado es» de Jesús. No hay color de pecado ni grosor, ni tiempo. Todo puede ser alcanzado por la gracia salvadora de la expresión *Tetelestai*. Jesús lo dijo en serio y la mayor garantía fue su misma muerte en la cruz y luego su resurrección.

Si has estado agobiando por mucho tiempo por alguna culpa que crees que el Señor no puede perdonar, es hora de descansar en Él. Lo importante es nuestro arrepentimiento. Si no hemos recibido el regalo de salvación en Cristo, pero si ya somos sus hijos y seguidores, lo importante es confesar nuestro pecado y apartarnos del mismo. Esa confesión diaria hace que mantengamos cuentas cortas con Dios y limpieza diaria.

Cuando me despedí del taxista, oré a Dios que le permitiera entender que el Señor sí perdona todo pecado traído a Él en arrepentimiento. Al dejar este tiempo contigo hoy, también confío que se haya podido entender que el *Tetelestai* de Jesús es también para ti y para mí. Su obra completa ha sido hecha a nuestro favor. Él ya pagó.

«Y adelantándose un poco, cayó sobre su rostro, orando y diciendo: Padre mío, si es posible, que pase de mí esta copa; pero no sea como yo quiero, sino como tú quieras».

Mateo 26:39

DÍA 70: AUNQUE ESTÉS CANSADO Y ABATIDO

La traición, la negación, el rechazo, el abandono, la soledad, el maltrato físico, los abusos, son realidades que hemos vivido en algún momento. Fueron realidades experimentadas por nuestro Señor camino al Gólgota, lo que podría significar para muchos, la derrota; pero nosotros sabemos que fue nuestra victoria.

Cuando pienso en mi entrega al servicio y a los demás, con la abnegación y la vehemencia que me caracteriza en muchas situaciones y realidades, no dejan de venir a mi mente también, las ingratitudes y la indiferencia de mucha gente.

Jesús, ante la gran tarea que tenía por delante, no dejó de experimentar todo eso cuando estaba en la parte final de su encomienda en la tierra. Todos los vejámenes que sufrió y lo que parecía ser injusto para Él, le hicieron sentir el deseo de dejar todo, de tirar todo por la borda y reclamar su legítimo derecho a ocupar su posición de Dios, de Rey, de Soberano. ¿Por qué tendría Él que pasar por todo aquello? ¿Por qué sentir el abandono de sus cercanos, pero más aún de su Padre?

Cuando Jesús dijo: «Padre mío, si es posible, que pase de mí esta copa…» estaba frente a una disyuntiva ¿Era posible que no pasara por aquello? Después dijo, y no sabemos cuánto tiempo pasó entre las dos partes de esa oración: «Pero no sea como yo quiero, sino como tú quieras». Ahí, Él estaba reconociendo que es el plan del Padre el que debe primar, ante todo, no importa lo que estemos sintiendo o viviendo en el momento.

Eso me hace pensar en nosotros mismos; en ti y en mí. Agobiados, cansados, abatidos, casi tirando la toalla en nuestra labor, pero llegan palabras, llegan frases, llegan testimonios que nos hacen recapacitar y nos dicen: «sigue adelante, no te rindas, lo que haces bendice a otros, hay un plan de Dios en esto. No abandones». Si Jesús cedía a la tentación de dejar su obra sin concluir, hoy nosotros no tendríamos el regalo inmerecido de la vida eterna. Todo habría quedado allí, en el huerto de Getsemaní.

Sí, Dios tiene un propósito en todo lo que hace a través de nosotros. No sabes a cuánta gente estás bendiciendo, por más pequeñita que parezca la labor que haces, pregúntate, cuánta gente ha sonreído por una palabra o una acción tuya o a cuánta gente has librado probablemente de un viaje al abismo. No te rindas, sigue adelante.

«Les dijo: "Mi alma está destrozada de tanta tristeza, hasta el punto de la muerte. Quédense aquí y velen conmigo"».

Mateo 26:38

DÍA 71: HUMANIDAD QUEBRANTADA

He estado con pocas personas en los últimos momentos de su vida terrenal. Una de ellas fue mi amada madre; la otra, fue casi como una hija. Ambas experiencias son indescriptibles en cuanto a lo que se siente. Es una despedida que nadie quisiera vivir. Mucho más interesante es la angustia del desprendimiento que la persona vive en su interior en esos momentos del valle de las sombras.

Suenan muy tristes estas primeras palabras de hoy, no es mi intención angustiar tu alma, querido amigo. Estoy considerando las últimas horas de Jesús y lo que eso significó para nuestro aprendizaje. No pretendo hacer un análisis cronológico de los eventos antes de la resurrección de nuestro amado Señor. Solo deseo contemplarlo desde su humanidad, como el Hijo del hombre.

No sé si has estado en un momento cercano a la muerte, espero que no. Pero si te ha sucedido y has estado consciente, sabrás algo de lo que estoy diciendo. Nosotros siempre hemos imaginado a Jesús fuerte, Dios, Todopoderoso, presente dondequiera, caminando sin descanso, dando órdenes al mar y a los muertos para que cambien su estado, pero no sé si has pensado en la parte humana de Jesús, en su humanidad, en aquello que lo hacía vulnerable.

La ocasión que nos ocupa es una de ellas. Para mí, es la más trascendental. Jesús está en el huerto de Getsemaní, allí ha ido con algunos de su círculo íntimo, los que siempre estaban más cerca de Él, a los que llevaba cuando iba a realizar alguna labor fuera de serie. Allí estaban con Él. Los imagino, quizás sentados sobre unas piedras o en el tronco de algún árbol frondoso del lugar, entonces, Jesús, los miraba y recordaba todo lo que juntos habían realizado, todo lo que Él les había enseñado sobre la marcha; recordaba tal vez ese momento recién finalizado cuando estuvo con ellos en la última cena, cuando les lavó los pies y les declaró inolvidables palabras. Entonces su alma se quebranta y explota en aquella expresión cuya fuerza emocional no podemos imaginar: «Mi alma está angustiada hasta la muerte… quédense aquí y velen conmigo». Esta frase venía profetizada en el salmo 22:14 que es mesiánico y en el salmo 6:3. La angustia de su alma, la aflicción o tristeza que ahora se instalaban en su interior. Jesús derramó su alma frente a sus íntimos discípulos, les expresó lo más profundo de su ser. Estaba mostrando su vulnerabilidad y su humanidad, el dolor que también es parte de nosotros en momentos así.

Es cuando necesitas a alguien, a tus amigos, a tus hermanos, a tu familia. Es cuando no quieres estar solo; necesitas que alguien «vele» contigo, se amanezca, trasnoche contigo. No quieres estar solo. Por lo menos que estén ahí, aunque no pronuncien palabra; es la presencia de esos que consideras tuyos lo que más te interesa. La aflicción de Jesús tenía que ver con la carga de pecado ajeno que estaba poniéndose sobre Él. Pagar por algo que no tomaste, una culpa que es ajena y de la cual te haces dueño, no ha de ser nada halagador. Saber que su Padre le estaba volteando el rostro, causaba que su alma se angustiara como si estuviese muriendo. Y todo eso por ti y por mí. ¿Qué angustia has sufrido tú? ¿Qué hemos sufrido por Él?

«El castigo de nuestra paz fue sobre él».
Isaías 53:5

DÍA 72: CRUENTA CRUZ POR MI PAZ Y MI BIEN

«No te desquites conmigo» decíamos o nos decían cuando éramos niños. Cuántas veces «disfrutamos» de una buena golpiza simplemente porque nuestros mayores estaban molestos con otros y se «desquitaban» con nosotros. ¡Cuánta pela ajena llevaron algunos! Era injusto que alguien aplacara su furia contra una persona inocente, que no era culpable de un hecho. A veces lanzaban una sandalia, un palo, un correazo y hasta una mordida, lo que tuvieran a mano, y se nos pegaba a nosotros sin merecerlo. Nos tomaron de propiciatorio. ¿Lo viviste? Pues, ¡Jesús lo vivió!

Propiciación, esta palabra encierra la idea básica de aplacar o satisfacer, concretamente, a Dios. La propiciación es un acto entre dos partes que implica apaciguar la ira de alguien que está ofendido y ser reconciliado con él. Así dice el diccionario. Es posible que hayas leído el texto bíblico arriba citado sin entenderlo: «El castigo de nuestra paz fue sobre Él». Y este otro: «Cristo Jesús, a quien Dios puso como propiciación por medio de la fe en su sangre». Traducido es: «El castigo que lleva a nuestra paz», fue nuestra paz...nuestro bienestar general, lo que aseguró el sufrimiento de Jesús fue nuestra bendición.

Castigo no tiene traducción, significa literalmente castigo. Eso, exactamente, fue lo que cayó sobre Jesús. Y, lo más interesante, fue para propiciar, aplacar, acallar la ira de Dios contra nosotros, los pecadores. ¿Y qué más? Fue la justicia de Dios que cayó sobre Cristo, porque Él, Dios, necesitaba propiciar y apaciguar su ira contra el pecado. Y cayó sobre el único que podía recibir el desplazamiento. No había nadie que pudiera recibir mi pecado, nadie era digno, nadie era limpio, sin pecado como un cordero, solo Jesús, el justo por los injustos. ¿Por qué Él? ¿Por qué no yo o tú?

De esa manera, nuestra paz y reconciliación con Dios fueron hechas por Jesús. La ira del Padre es apaciguada, se satisfizo la justicia y es hecha la paz entre Dios y tú, entre Dios y yo. El Apóstol Pablo hablaba de Cristo «propiciando» la ira de Dios cuando dijo: «Cristo Jesús, a quien Dios puso como propiciación por medio de la fe en su sangre», Romanos 3:24-25.

Esa paz que tanta falta nos hizo para reconciliarnos con Dios porque estábamos lejos de Él, fue comprada por Jesús. Pero, también, cuando dentro de nosotros todo parece una turbulencia, un mar embravecido por las luchas de la vida, por aquello que no comprendemos que pasa dentro y alrededor de nosotros, es también apaciguado por la obra de propiciación entre Dios y su Hijo a favor de nosotros. Podemos decir: «Estoy bien con mi Dios» y no importa lo que estemos atravesando porque nuestra alma está inundada de paz con el Señor. Si tu senda está inundada de tranquilidad o te encuentras luchando con alguna culpa falsa o verdadera, aprópiate de esa paz comprada para ti por medio del acuerdo que el Padre hizo con Jesús, inocente cordero. Él es nuestra paz, Él cargó la ira, la que yo merecía. Llevó mi culpa para liberarme.

«Simón Pedro les dijo: Voy a pescar. Ellos le dijeron: Vamos nosotros también contigo».
Juan 21:3

DÍA 73: INTENTANDO OLVIDAR Y RENUNCIAR

Todos conocemos este pronunciamiento de Jeremías: «No hablaré más en su nombre». En algún momento es posible que yo también haya querido abandonar el arado, dejar los bueyes y renunciar a todo aquello que Dios me ha encomendado. A veces, las decepciones, las situaciones precarias, la enfermedad, el vivir económicamente casi siempre «al ras», los malentendidos en los equipos y muchas otras razones o excusas nos incitan a «volver a nuestro antiguo oficio».

Hay un personaje en la Biblia muy conocido que tal parece no haber soportado la presión de la separación del Maestro. Es indiscutible que el tedio de los días posteriores a la crucifixión de Jesús lo hayan sometido a una tristeza o remordimiento por haber negado al Señor tres veces, por ver cómo todo estaba tan lento y no se cumplía lo profetizado.

«Voy a pescar», dijo Pedro un día y no fue precisamente a pescar hombres, no. «Voy a pescar» era una decisión de volver a hacer lo que hacía antes, de olvidarse por completo de la encomienda, de todo lo enseñado y de los eventos importantísimos que todavía estaban por ocurrir. Pedro, el impetuoso Pedro, no estaba invitando a sus compañeros a irse con él, pero su liderazgo era indiscutible y los demás dijeron: «Pues nosotros también vamos contigo». Y se fueron.

No estoy haciendo una exégesis de este hecho, pero sí quiero resaltar algunos asuntos que nos pueden servir para recordarnos nuestra misión. Cuando el dolor, el aburrimiento nos inunden porque no vemos grandes logros, grandes alcances de nuestras metas, no vemos estadísticas positivas, parece que estamos arando en el mar o clamando en el desierto, podemos ser tentados a dejar lo que se nos ha llamado a hacer y «volver a pescar».

Pedro estaba decepcionado, adolorido, avergonzado quizá. Es posible que se sintiera el hazmerreír de la gente porque el Maestro estaba muerto. Y si eso sentía Pedro, los demás también se sentirían así. Recordaban todo lo vivido con el Maestro y ahora Él se había ido. Habían perdido el tiempo, sus empresas, sus negocios, su modo de sustento. Por eso, lo más lógico para ellos era seguir a Pedro, diciendo: «Nosotros también vamos contigo, Pedro». Nos vamos todos, abandonamos esto que no resultó.

¿Es posible que hayas experimentado algo así en tu vida? ¿Tus sueños frustrados, tu inversión perdida y tu tiempo mal usado? No sé tú, pero yo he tenido ese sentimiento en algún ámbito y momento de mi vida. No sé si yo soy la única humana aquí, pero lo he vivido. Ese «voy a pescar» nos ha tentado muchas veces. Por eso es necesario vigilar las emociones, los sentimientos, para tomar una decisión crucial en nuestras vidas. Nada nos debe desviar del plan y propósito que Dios ha trazado para nosotros. No importa cuánto tengamos que esperar.

Pedro estaba tan mal emocionalmente que hasta la vergüenza perdió. Cuando le dijeron que Jesús había aparecido, se ciñó la ropa y se tiró al agua, literalmente eso dice la Biblia. El tipo estaba desnudo o semidesnudo, pescando con los compañeros. Había caído bajo el hombre. ¿Cuál ha sido el caso tuyo y el mío? ¿A dónde hemos caído en nuestro abandono del programa de Dios? ¿Hemos querido olvidar todo y abandonar? Jamás nos suceda algo así.

«Y si Cristo no resucitó, vana es entonces nuestra predicación y vana es también vuestra fe. Si solamente para esta vida esperamos en Cristo, somos los más dignos de lástima de todos los hombres. Pero ahora Cristo ha resucitado de los muertos...»

1 Corintios 15:14-19-20

DÍA 74: SI CREO QUE JESÚS RESUCITÓ, ENTONCES...

Escucho a tanta gente cristiana basar sus éxitos en la vida en sus propios méritos y en su capacidad de emprender, que me sorprende. Eso está bien, todos los logros que tenemos son buenos, pero lo interesante es en qué basamos todos nuestros éxitos. Aún más preocupante es ver a tantos creyentes viviendo vidas amargadas, sin sentido (según ellos) y con ausencia total de enfoque en la vida y en el servicio a Dios. Cuántas caídas hemos visto, incluyendo la de creyentes que se han apagado la vida por sí mismos, han decidido terminar con una existencia de dolor y sufrimientos. Esto es parte de no haber entendido nunca lo que pasó tres días después de la crucifixión y muerte de Jesús, a quien supuestamente proclamamos nuestro Salvador y Rey.

Analizando nuestras vidas, tú la tuya y yo la mía, es probable que hayamos perdido la perspectiva en algún momento y se nos haya olvidado lo que pasó aquel memorable primer día de la semana, el más trascendental de la historia. Se nos olvidó el triunfo y la victoria que fueron conquistados para nosotros en la muerte y resurrección de Jesús.

El apóstol Pablo, consciente de todo lo que pudiera venir a acusarnos en el interior de nuestra mente, escribe todo un capítulo en la Primera carta a los Corintios. La discusión gira sobre si Cristo resucitó o no y lo que eso significa para el cristianismo o, mejor dicho, para el cristiano.

La fe nuestra, nuestras motivaciones, el sentido de la vida serían nulos si Cristo no ha resucitado. Lo que predicamos y proclamamos, lo que nos mueve a vivir una vida victoriosa, no tiene sentido si Cristo no se levantó de entre los muertos. Seríamos los seres más dignos de burla y conmiseración, vergüenza y escarnio, si el Señor no volvió a la vida. Nuestra fe sería totalmente vana, sin contenido, sin nada. En resumidas cuentas, el cristianismo mismo no valdría para nada. Todo lo que hacemos y enseñamos, no serviría. ¿Cuál sería el eje que nos mueve? Ninguno, solo un hombre sepultado y olvidado.

Pero ¡no! Hay excelentes noticias, hay que levantar el ánimo. Tenemos que lavarnos el rostro, perfumar nuestra cabeza, erguir nuestra frente y levantar nuestros hombros enfilándonos a proclamar al mundo que ¡sí tiene sentido todo lo que somos y hacemos! ¡El Señor Jesucristo resucitó, vive para siempre y Él es la gran garantía de nuestra existencia, valores, principios y acciones! Él resucitó, y porque resucitó toda nuestra existencia tiene sentido. Nuestra garantía es esta: «Mas ahora, Cristo ha resucitado de entre los muertos...».

Retoma tus planes, retoma tus sueños, recoge el propósito que has dejado tirado en el camino y marcha con rostro alegre hacia el logro de los ideales de Dios para ti, de su propósito perfecto trazado por Él desde antes de la fundación del mundo y revelado a tu vida cuando le dijiste: «Aquí estoy, Señor, úsame en lo que determines para mí».

Todo cobra sentido si has entendido que Cristo se levantó y vive para siempre. No son tus capacidades, no son tus pericias, no son tus méritos, es lo que pasó en ese memorable primer día de la semana cuando se levantó el que había muerto, triunfante para siempre. Nuestra garantía eterna. ¡Aleluya!

«Levántate, da voces en la noche, al comenzar las vigilias; derrama como agua tu corazón ante la presencia del Señor; alza tus manos a él implorando la vida de tus pequeñitos, que desfallecen de hambre en las entradas de todas las calles».

Lamentaciones 2:19

DÍA 75: LOS NIÑOS NECESITAN TU ORACIÓN Y LABOR

«Si mis niños no pueden escuchar una conversación entre amigos, parientes, visita, en la sala de mi casa, entonces esa conversación no es buena para mi casa. En la sala de mi casa tiene que hablarse de manera que los niños puedan escuchar y participar». Nunca olvidaré estas palabras dichas por el Rector del Seminario Bíblico donde estudié. Es probable que él no lo recuerde, pero yo nunca las he olvidado.

He escuchado cosas horribles, como: «Los niños no deben estar en la sala cuando llega gente», «los niños no escuchan conversaciones de adultos», «te vas para el cuarto, muchacho, que vamos a atender a la visita y no salgas hasta que te diga». En la iglesia también he oído: «los niños son el apéndice de la Iglesia», «vete a cuidar a los niños, que ya va a comenzar el mensaje», «no, y cómo me van a poner a mí a dar la clase a los niños si yo lo que soy es adorador», «por favor, pongan a otra persona, que no soporto a esos muchachos», «siervo, ¿y dónde están los niños que un día conocí en esta congregación?», «se fueron, amigo, se fueron, desde que crecieron, se fueron», «pusimos a los niños en aquel rinconcito porque molestan mucho y hacen mucho reguero, si hace mucho calor, los pueden sacar y reunirlos debajo de esa mata de mango», «¿Sillitas y mcsitas de su tamaño y materiales didácticos? No, no, ahora estamos en una campaña de fondos para comprar instrumentos musicales y más micrófonos, dales hojas para pintar y se pueden sentar en el piso», «es que los niños no sostienen a la iglesia económicamente, no diezman, no ofrendan».

Si hemos considerado que los niños son el presente y el futuro de la Iglesia, tenemos que cambiar nuestra manera de verlos, de acercarnos a ellos y de ministrarles. Ellos han de llevar la antorcha nuestra. ¿Qué relevo vamos a dejar? ¿Cuál es nuestro legado para ellos?

«Levántate, da voces en la noche, al comenzar las vigilias; derrama como agua tu corazón ante la presencia del Señor; alza tus manos a él implorando la vida de tus pequeñitos, que desfallecen de hambre en las entradas de todas las calles».

Lamentaciones 2:19

DÍA 76: ORANDO POR NUESTROS NIÑOS

Cuarenta y cinco años mirando cómo son tratados la mayoría de los niños en cientos de iglesias por doquier, me hace pensar en la baja estima en que los tenemos. Totalmente contrario a lo que hizo y haría Jesús. ¿Somos rudos al expresar esto?, ¿muy crueles? Varios añitos en ministerios infantiles me han hecho escuchar, ver y vivir estas experiencias. Los nudos en la garganta que me han azotado, los pensamientos y sentimientos de impotencia, el dolor en el corazón y la amargura muchas veces, han sido realidades para cualquier maestro o ministro de niños que ha pasado por esto. Peor, lo vivido por los mismos niños.

El texto bíblico que hoy nos ocupa fue llevado a una linda y breve canción que usamos por muchos años en un organismo mundial que trabaja en el evangelismo de niños y preparando maestros para ellos. Nunca olvido cuando lo cantamos por primera vez, las entrañas se me removieron y es que, por doquier, en las calles, en los hogares, en las iglesias, los niños han sido menospreciados. Son el campo misionero más fructífero del mundo y, sin embargo, el más abandonado. Jeremías, viendo lo que estaba sucediendo con los niños en un tiempo muy difícil de su época, clamó estas palabras: «Levántate, da voces en la noche, derrama como aguas tu corazón delante del Señor, implorando por la vida de tus pequeñitos que desfallecen de hambre en las entradas de todas las calles». El profeta nos invita a cambiar nuestra actitud hacia los niños, porque todo está en la actitud. El maltrato se debe a la actitud, el desprecio o menosprecio en nuestros medios hacia ellos. Pero más que eso, es ignorar lo que significan los niños en el corazón de Dios. Son de alta estima y todo el que los haga tropezar de cualquier manera, tiene un gran juicio proferido por el mismo Señor Jesús.

Los niños estuvieron presentes en la entrada de Jesús a Jerusalén cantando, voceando, gritando, alabando. Cuando los quisieron hacer callar, Jesús expresó que la alabanza que le agrada es la que sale de la boca de los pequeños. Siempre los defendió, siempre los recibió y les dio el valor que ellos tienen y deben tener en nuestras vidas. Para Jesús los niños nunca fueron un apéndice; los pequeños siempre estuvieron en su corazón y en sus planes eternos. Benditas las iglesias, los hogares donde a los niños se les da el lugar correspondiente.

¿Qué tal si tú y yo, amigo, comenzamos donde debe iniciar todo? Orando, clamando por los niños de nuestra casa, ciudad y país. Ellos desfallecen de hambre de amor, cuidado, protección y buena enseñanza, pero, sobre todo, carecen de la mejor actitud de parte de nosotros. Vamos, imploremos por los niños.

«Acuérdate de la palabra dada a tu siervo, en la cual me has hecho esperar. Ella es mi consuelo en mi aflicción, porque tu dicho me ha vivificado».

Salmos 119:49-50

DÍA 77: ANCLA SEGURA DE NUESTRA FE

Hacía un breve repaso en fotos de todas las andanzas buenas y las aventuras con las cuales el Señor nos ha traído hasta aquí. Incontables los momentos de bendición al ver a gente capacitarse para servir al Señor y, a la vez, enseñando a otros lo que aprenden. Ser sembrador ha sido una marca bien vivida y, aunque nos ha traído muchas lágrimas, luego se convierten en alegrías. Los momentos de cambios, de sentarse, de reposo nos llegan a todos. Las sorpresas nos pueden llegar de repente y la aflicción también. Vi a una gran amiga estar afligida en su cuerpo por más de dos años; vi a su familia llorar y a todos sus amigos luchar en oración a su favor. Cuando le hablé, lo que más había sentido en lo profundo, era no haber podido rendir como lo hacía antes para el Señor y su obra; eso llega y duele.

Pero cuando leo el Salmo 119, que por doquier exalta la palabra de Dios con todos los nombres que ella recibe, me arraigo en las promesas de lo que puede hacer la palabra de Dios en nuestras vidas. El dicho «Jehová me vivifica cada día», quiere decir «dar vida de nuevo», consuelo para toda aflicción.

Igualmente, cuando nos llega un momento difícil, no son mis méritos, no son mis favores al servicio de la obra de Dios y a los demás lo que puede ser un argumento para solicitar socorro a Dios; sin embargo, el salmista dice que es en la Palabra y solo en la Palabra dicha por el mismo Señor en la que podemos afianzarnos para pedir que nos escuche. «Acuérdate de la palabra dada a tu siervo, en la cual me has hecho esperar». Miserables de nosotros si vamos al Padre tratando de impresionarlo con méritos humanos. No hay nada en nosotros que nos haga merecer su favor. Es la misma promesa dada por Dios; el compromiso de nuestro Padre; es su palabra empeñada.

Incluyendo nuestro consuelo en medio de las sorpresas y las aflicciones de la vida, es por la palabra dicha por el buen Dios que podemos conversar con Él, sin reclamos y berrinches humanos, como niños malcriados. Es la humildad y la rendición ante Dios que nos traerá la bendición de su respuesta.

Hemos esperado en nuestro amado Señor, en sus promesas y fidelidad. Eso debe ser aplicado en todas las situaciones de la vida, incluyendo cuando el pecado nos ha abatido y tenemos que levantarnos. Es la promesa de que son la palabra y los dichos de nuestro Padre, lo que nos vivificará. Esto nos debe ayudar a dar el primer paso para levantarnos de nuevo. Sí, Dios ha dicho y Él hará.

Cuando ya no podemos correr como antes y debamos aminorar la marcha, recordemos que lo prometido por el Señor nos va a dar nuevos bríos, aunque sea en nuestro interior y eso nos impulsará a esperar confiadamente en Él. No se trata de mí, se trata de Él y su Palabra. ¡Aleluya! ¡Qué gran consuelo!

«En Dios, cuya palabra alabo, en Dios he confiado, no temeré. ¿Qué puede hacerme el hombre?».
Salmos 56:4

DÍA 78: ¿TE ATREVERÍAS A ARRIESGARTE?

Había recolectado el dinero necesario, de manera legal, para emprender mi segundo viaje misionero a Cuba. La encomienda era atrevida. Llevaba treinta manuales de estudios teológicos básicos porque enseñaría a un buen grupo de hombres y mujeres que se formaban como pastores y líderes en la fundación de una nueva iglesia. Mi vuelo llegó bien, pasé la «entrevista» obligada de los agentes de gobierno; me detuvieron un tiempo y me informaron que era normal. Más o menos una hora después, me llevaron a un lugar donde habían desplegado todos los libros que llevaba dentro de ropas donadas, zapatos y todo tipo de ayuda que cargaba para los hermanos. La historia es más larga; en resumen, me trataron de amedrentar, me amenazaron, me trataron horrible. Mientras, los pastores que me esperaban afuera, viendo la escena, lloraban. Me quitaron todo, lo retuvieron. Me dejaron ir bajo amenazas de que, si llevaba algo así de nuevo a ese país, la historia para mí sería distinta, pero antes de salir del país tenía que pasar por un «tribunal» y pagar una multa. Me dijeron finalmente: «¿Usted no sabe que está trayendo material adoctrinador en contra del Sistema? Si se atreve de nuevo, irá a la cárcel y jamás podrá entrar».

Había leído decenas de libros sobre misiones y misioneros arriesgados que trataron de hacer cosas prohibidas en países cerrados, pero nunca pensé que esto me estaba pasando a mí. Mi pregunta: si yo hubiese imaginado lo que iba a suceder y el «aparente fracaso» de mi misión, ¿lo habría hecho? Seguro que no, dirán muchos y, quizá, yo también. El escritor del Salmo 56 hace una declaración que puede ser la tuya y mía en este día. Dice: «En Dios, cuya palabra alabo, en Dios he confiado, no temeré. ¿Qué puede hacerme el hombre?». Qué interesante es leer estas dos palabras: «en Dios».

Aquella misión arriesgada fue hecha en Dios. Por doquier la gente oraba por mí desde que, en clave, pude comunicar a mi país lo que había pasado. Yo sabía que saldría ilesa de allí. Muchos pensaron que no pude enseñar porque me retuvieron los manuales. No, no fue así, lo hice. Cumplí lo que fui a hacer. La policía fue a la casa donde me hospedé y amenazó de nuevo, pero el Señor permitió que se realizara la labor. No podremos depender de recursos didácticos muchas veces, pero dependeremos de Dios. Es en Dios que se nos quitan los miedos, es en Dios que puedes iniciar eso que te atemoriza y que sabes puede ser de bendición y honra al Señor. No tengas miedo, el hombre sin Dios podrá amenazar como «perro que ladra», pero Dios te dará la victoria.

Esa misión que el Señor te encomendó, ese trabajo que intentas comenzar, esa empresa que deseas emprender por iniciativa propia, ese procedimiento al que tienes que someterte, incluso, esa nueva vida que comienzas a vivir, ¿no conllevan riesgos? Si te dijeran que fracasarás, ¿te atreverías igualmente a intentarlo?

Nunca estaremos más seguros que cuando tenemos la certeza de las palabras del Señor que dicen: «No temas lo que pueda hacerte el hombre, si en Dios has confiado. No hay buena misión que fracase, si la llevas a cabo en Dios. Él será tu estandarte».

«Pues no habéis recibido el espíritu de esclavitud para estar otra vez en temor...»
Romanos 8:15

DÍA 79: NO TE DEJES CONDICIONAR

«No te atrevas a hablar y contar lo que ha pasado», «no expreses tus sentimientos de esa manera», «no llores, los hombres no lloran», «jamás cuentes lo que te ha pasado ni los problemas de tu familia». Es probable que nos identifiquemos con algunas de estas expresiones que nos fueron dichas o que dijimos a alguien en nuestra ignorancia.

En la biografía de Frederick Buechner, llamada *Diciendo secretos*, él cuenta lo que pasaba en su tiempo. Se prohibía a los miembros de la familia no solo hablar, sino también sentir o confiar en otros. Esto se puede llamar «leyes tácitas». No se permitía ser libre y finalmente la gente quedaba mentalmente deshabilitada. Lo que yo diría «mal de la azotea».

No sé si alguno se identifica con el hecho de que muchas personas, instituciones, familias, nos han hecho ver una versión incorrecta de lo que es el amor, la amistad, el pertenecer a grupos. Todo estará bien mientras no expresemos nuestro sentir. Si hablamos, entonces nos etiquetan y nos ponen en la mirilla, porque nadie puede decir nada que vaya a exponernos o exponer a otros. La gente siente o piensa que el otro no puede expresarse, pierden terreno, pierden autoridad, pierden dominio. Ese es el pensar en muchos casos. Y lo peor, uno mismo pierde libertad, porque nos llenamos de temores internos. El Señor nos ha hecho libres para hablar, confiar, para sentir, para vivir sin temor. Ese es el tipo de temores que nos esclavizan por dentro, y que, a fin de cuentas, nos enferman mentalmente.

El Señor no nos ha dado espíritu de cobardía; esa cobardía que nos hace estar a la defensiva porque creemos que al expresarnos, al confiar en alguien y que al sentir lo que sentimos, vamos a ser condenados o juzgados por los demás. Podemos tener dominio propio para no hacer lo que no debemos, pero podemos vivir en libertad, la libertad que da Jesús, para amar a los demás, para servir a los demás, para confiar que podemos abrir nuestro corazón con por lo menos una persona que nos escucha abiertamente y con cariño. Dios siempre pondrá ese ser humano que tiene empatía contigo y que te va a apoyar en tu progreso y advirtiéndote que evites dar un paso que no te conviene. Esa libertad nos la regaló Jesús como un beneficio de la vida eterna: poder, amor y dominio propio.

Pidamos al Señor que nos enseñe a echar fuera el temor, lo cual solo el perfecto amor puede lograr. También vamos a pedirle que nos enseñe que no tenemos que obedecer reglas o leyes tácitas para ser aceptado o amado porque el Señor nos acepta y nos ama.

Todavía podemos hablar con la gente, con cariño y compasión, abrirnos a alguien que nos escucha.

No tengas miedo a perder el cariño o el respeto de alguien porque estás acostumbrado al amor condicional o condicionado de la gente. El Señor te enseña a amar incondicionalmente, así como Él mismo nos ha amado.

«Porque has sido mi socorro, y así en la sombra de tus alas me regocijaré. Está mi alma apegada a ti; tu diestra me ha sostenido».

Salmos 63:7-8

DÍA 80: SOCORRO OPORTUNO

En el quirófano, un sitio frío como el hielo, solo están tú, el Señor y quienes te van a intervenir. Estaba acostada boca abajo, esperando la anestesia. Un pensamiento me invadió, es casi indescriptible cómo eso cambió todo. No tenía temor, no había miedo, pero sí un poco de inquietud. Iba a escuchar todo, me dejé el audífono puesto. Entonces pensé en Jesús: sin anestesia, los clavos, la piel rota, las articulaciones atravesadas por los clavos; sí, sin anestesia. La corona rompiendo su frente, los latigazos, la sangre y todo por mí, no por Él. Cordero inocente inmolado por mis culpas. ¿Y yo?, pecadora, culpable. Poco es esto y agradecí al Señor porque no era ni comparable. Solo supliqué: «Asísteme, Señor, sé nuestra ayuda». Entonces escuché: «Va a sentir los puyazos y los jalones». Cinco puyazos y cinco jalones sentí. Solo murmuraba: «Uy, duele» y el cirujano se reía.

Cuando pensé que estaba sola en ese quirófano recordé: «Mi socorro has sido tú y en la sombra de tus alas me regocijaré. Mi alma está apegada a ti, tu diestra me ha sostenido» ¿Cuándo no ha sido el Señor mi socorro? Siempre lo ha sido. Y estaba tranquila, aguantando los tirones, los cortes y luego esos horribles estirones de hilos cuando me daban los puntos. El Señor estaba conmigo y yo lo sabía. Ya no podía bajarle el volumen al audífono, escuchaba todo.

¿Cuál es la diferencia entre auxilio y socorro? Sí, hay una diferencia. Aunque no parezca, el socorro encierra la asistencia en un peligro mayor, un daño inminente. El salmista dice que el Señor ha sido su socorro. Cuando estaba cayendo en el abismo y no había salida, Dios lo socorrió. Cuando pensamos en lo desprotegidos que estamos en algunas situaciones, las alas de Señor nos pueden cubrir como la gallina a los polluelos. Esa era la sensación que yo tenía en ese momento. Al inicio del procedimiento sentí que, en esa mesa y sala fría, conectaron no sé qué cosa a una de mis piernas, algo cálido, tibio. El alivio que sentí fue lindo, era como si alguien estuviera conectando calor a mi cuerpo. Realmente nunca pregunté qué era, imagino que algún monitor, pero era muy rico sentir ese calorcito que parecía una mano humana cálida.

Nuestra alma puede apegarse a nuestro Padre cuando nos sentimos desprotegidos y en algún peligro, aunque parezca que todo va bien. Confiar y aferrarnos a la diestra del Señor, nos hará sentir seguros. Su diestra nos sostiene y nos ha sostenido siempre. ¿Atravesando dolores? ¿Sin nadie que te cuide o ayude? Dios no te dejará. Él ha prometido socorrerte, sustentarte, cuidarte y cubrirte bajo la sombra de sus alas. Regocíjate al saber que su diestra te sostiene, que Él es tu oportuno socorro.

Nunca dudes de su presencia, nunca creas que el Señor está alejado, puede ser que esté silente mirándote con amor y ternura, pero ahí está. Presente siempre, aunque todos se vayan, aunque no «sientas» a nadie cerca, Dios no, Él no se va. Te acompaña y te cuida.

«No serán avergonzados en el mal tiempo, y en los días de hambre serán saciados».
Salmos 37:19

DÍA 81: LA DELICIA DEL SILENCIO ANTE DIOS

Los días parecen transcurrir sin pena ni gloria como se dice. Tan largos son que pareciera que nunca van a terminar. Esperas una llamada y no llega; esperas una visita y tampoco; esperas un favor y no aparece; unas palabras y no son esas las que oyes o, simplemente, no llegan. Así sucedían los días aquellos, cuando, estando en dos países lejanos, pasé por cirugías mayores. Silente, autónoma, independiente haciendo todas mis cosas. No lo puedo olvidar. Y en esta ocasión, no hay mucha diferencia.

Leyendo el Salmo 37, uno de los más ricos en principios de vida, puedo decir que, de cada parte de un versículo, puedo escribir un largo párrafo. No hay desperdicio en cada frase, en cada oración de este salmo. Pero quiero escoger el verso 7, la primera parte y el verso 19.

Estos días, conversando con el Señor, le decía: «Papá, escucho tu silencio; yo sé que estás aquí, pero te veo silente, déjame oír tu voz, tú sabes que necesito escucharte». Y entonces sentí que me decía: «Calla, guarda silencio, así ha sido siempre entre nosotros dos». Y el Señor sabía a qué me refería. En ese sentido específico, el Señor susurró esa noche y me dejó escuchar su silbo apacible.

Es que cuando Él me dice a través de esta escritura que hoy vemos: «Guarda silencio ante Jehová y espera en Él», exactamente eso es lo que quiere, que me calle, que no argumente, que espere callada, que calladito uno se ve más bonito. Este texto, amigo, nos habla de la dependencia de Dios, de la confianza en Él, en su fidelidad y su cuidado.

Luego, en el verso 19 encuentro algo también maravilloso, los que son correctos en su relación con Dios, son conocidos por Él, los caminos de este tipo de hijo de Dios están en la mente de Dios. Él no los olvida. Entonces añade el verso 19: «Estos, no serán avergonzados en el mal tiempo y en el día de hambre serán saciados».

¿Quién dijo que a los que andan con el Señor no les llega el mal tiempo y los días de hambre? No hay asidero bíblico para eso que dicen algunos, que todo será color de rosa. Sí, hay días difíciles. Esos días cuando andas recogiendo y rebuscando en todos los bolsillos, carteras, cajones, libros, a ver si aparece algo. Esos días cuando juntas todos los potecitos de lugares donde te has hospedado en alguna misión y con eso resuelves; esos días cuando reciclas todo lo que encuentras. Ese día cuando la cuenta está vacía, les llega a todos. En ese día, dice el Señor, los «perfectos de camino» serán recordados y saciados, no serán avergonzados. Pero guardar silencio ante Dios y esperar en Él, es la clave. Calladito y confiadito.

No desesperar, no tomar decisiones que luego nos van a enredar. Hacernos declaraciones de fe y confianza, sabiendo que el Señor nos va a respaldar. Y veremos los milagros. Sí, aguarda a Jehová, deléitate en Él. Dios hará.

«Él estableció testimonio en Jacob, y puso ley en Israel, la cual mandó a nuestros padres que la notificasen a sus hijos; para que lo sepa la generación venidera, y los hijos que nacerán; y los que se levantarán lo cuenten a sus hijos, a fin de que pongan en Dios su confianza, y no se olviden de las obras de Dios».

Salmos 78:5-7

DÍA 82: ¡QUÉ HISTORIAS CONTAREMOS!

Cuando los vi en persona, no podía creer que realmente fueran diecinueve hijos. Padres jóvenes para esa aljaba de crías. Había de todas las edades, temperamentos, formas. Pero eran hermosos todos, trabajadores, serviciales, tiernos. Estábamos en El Salvador compartiendo las buenas noticias de Jesús y muchas bendiciones más. También íbamos a visitar a unos líderes muy importantes. Ahí estábamos y yo me preguntaba: «¿Cómo ellos mantienen a todos estos chicos unidos y sirviendo al Señor?». Luego me di cuenta, a medida que pasaban los días.

Realizaban un devocional familiar todos los días, dos veces diarias, se les contaba la historia de Jesús, una lección de la Escritura, se los ponía a practicar lo que habían aprendido y la disciplina era recia, así como la cooperación mutua y el cuidado los unos de los otros. Los abrazos, el cariño, la compañía de los padres, infaltable. Las historias de las maravillas de Dios eran contadas todos los días en esa gran familia.

El Salmo 78 nos recuerda algunos principios muy importantes, prácticas que harán bien a cualquier generación. Todo lo que el Señor mandó en estos versos era con el fin de que las generaciones venideras pusicran su confianza en Dios y no se olvidaran de sus obras. Cuando en nuestras casas escuchamos constantemente lo bueno que el Señor ha sido, las veces que nos ha librado de la miseria, cada vez que acude en nuestra ayuda, esto nos lleva indefectiblemente a alabar y adorar a nuestro Dios y a no olvidar.

Lo interesante aquí, es que no solamente debemos escuchar nosotros las historias del Señor, sino que debemos contarlas a la generación venidera, a la que todavía no ha nacido. Esto me recuerda en días anteriores que hablamos del personaje Manoa y su esposa, los padres de Sansón. Aún antes del niño nacer, ya estaban preguntando cómo debían criarlo.

Hay un poder tremendo en las historias, hay una «magia» y no hay mejores historias que las del amor y el cuidado de nuestro Padre celestial. En lugar de llenar a nuestras generaciones con cuentos de hadas y sandeces sin ninguna verdad, vamos a enseñar a los nuestros a que pongan en Dios su confianza.

Este día puede que recuerdes cuán bueno ha sido el Señor. Cuenta esas bendiciones. Vamos a notificar los testimonios que el Señor estableció en Jacob, sus maravillas. Es posible que Dios cambie el lamento en danza de alguna persona que necesita escuchar que no todo es feo y negativo. Cuenta la historia de Jesús y todo lo que Él ha hecho por ti. ¡Anímate! Que este sea el mejor hábito en nuestras casas, hablar las historias del Señor, ahora y para siempre.

«Entre tanto que voy, ocúpate en la lectura, la exhortación y la enseñanza».
1 Timoteo 4:14

DÍA 83: REGRESEMOS A LA ANTIGUA BUENA PRÁCTICA

«Profe, yo no sé leer, yo no voy a tomar ese examen, porque no sé leer». Así me dijo el alumno pelirrubio ese día después de varios intentos de todos los profesores para ver cómo lográbamos que el chiquillo aprobara las materias. Tercer año de secundaria, no entiendo cómo llegó allí. El chico era muy inteligente y creo que por ósmosis adivinaba lo que le pedíamos. Pero nunca pudo leer frente al curso. Simplemente, no sabía. Finalmente, dejó los estudios.

Es posible que nos hayamos encontrado con situaciones así. La señora en la iglesia a la que pides que lea el versículo que sigue en el estudio bíblico y ves que se queda callada y su rostro se pone como un papel. El hombre de Dios a quien escuchas solo presentar la Palabra, pero nunca ves que toma la Biblia para leer, pero que cita los textos; los niños en tu escuela dominical que no son capaces de completar un ejercicio escrito y, mucho peor, en tu casa, los niños que no pueden hacer un trabajo de comprensión lectora que les dejaron de tarea.

No, hoy no se lee, definitivamente, hoy no se lee. La lectura de las Escrituras en público, que era lo acostumbrado en la Iglesia naciente del Nuevo Testamento, es casi una práctica obsoleta. En los tiempos de Esdras y Nehemías encontramos que toda la congregación, de pie, escuchaba atentamente la lectura y la explicación del texto sagrado. Hemos dejado de conquistar hermanos mayores para que aprendan a leer y así puedan conocer las Escrituras. Mucho peor, las amables y abnegadas personas que ayudaban a alfabetizar adultos han ido desapareciendo.

Pablo le dice a su hijo Timoteo: «Ocúpate de la lectura». O sea, procura diligentemente, dedícate enteramente a leer, a leer para ti, a leer públicamente las Escrituras, a que tu público te escuche mientras les lees. En el Mes del Libro muchas actividades se han hecho en las escuelas para buscar que el niño vuelva a leer, tome un libro físico, que se ponga en contacto con la ortografía, la puntuación, el sentido de las palabras, la sintaxis. No es solo lectura electrónica, hay que leer libros. Pero, sobre todo, regresar a la lectura física del gran libro, la Biblia. Ocuparse diligentemente de esto nos hará bien. Hará bien al alma y a nuestro espíritu. ¿Qué alguien no sabe leer? Enséñale en la medida de lo posible. ¿Qué está ciego? Pues ahí entra la recitación de la Palabra en audio. ¡Aleluya!

Alguien me dijo: «Yo escucho sus audios, sus audios son de bendición». Y literalmente envío el texto escrito con intención. Intención de que se escoja unos minutos para leer. Me esmero en la redacción, a fin de que hasta un profesor pueda usar el texto para un análisis gramatical, aparte de todo lo demás, aunque se encuentren errores. No es casual, es intencional. La lectura enriquece.

A Timoteo, Pablo le dijo que se dedicara a tres cosas principalmente: leer, animar y enseñar a los hermanos. Y en definitiva creo que al leer la Escritura aprendemos las otras dos. Esa debe ser nuestra meta, servir a los demás. Las tres acciones deben ser dirigidas a alguien, para beneficiar no solo al que las ejecuta, sino al que las recibe. Que así sea. Dediquémonos diligentemente.

«Por tanto, dice el Señor, Jehová de los ejércitos, el Fuerte de Israel: Ea, tomaré satisfacción de mis enemigos, me vengaré de mis adversarios».

Isaías 1:24

DÍA 84: YAHWEH-SABAOTH, «EL SEÑOR DE LOS EJÉRCITOS»

Habían pasado unos veintiún días de mi estadía en aquel país con sistema de gobierno distinto al de muchos de los nuestros y donde tenía una cuenta pendiente con el Sistema. Se me había retenido un material de formación bíblica que llevé allí y que no pude usar para la labor que fui a realizar. Cuando los jefes fueron a la casa donde me encontraba, la iglesia naciente, me llevó un libro que no fue de los que yo llevé. Increíble, el módulo anterior que otros de los maestros habían llevado y enseñado. Me señalaron una de las lecciones que, según ellos, atentaba contra el Sistema. No lo podía creer. Aquella lección presenta a Cristo como la satisfacción total del alma, y eso atentaba contra sus enseñanzas.

En ese orden de ideas, pasó el tiempo y yo tenía que comparecer al tribunal en mi salida. La amenaza había sido pagar una gran multa, equivalente a unos seis mil dólares y pasar por un juicio. El taxi me dejó a unas calles de la oficina donde tenía que «resolver». Yo iba caminando y gritando literalmente, orando en voz alta. El atributo de Dios que más me llegó a la mente fue Jehová Sabaoth: el Dios de los escuadrones de Israel, Jehová de los Ejércitos. Y yo clamaba y pedía al Señor que me confirmara en ese momento que Él era ese Señor de los Ejércitos, sacándome sin problemas de esa situación y de ese país, sola.

Un coro que venía a la mente y yo cantaba en voz alta por las calles mientras llegaba era: «Levántate, Señor, y que huyan delante de ti tus enemigos». Yo oraba, clamaba, proclamaba y caminaba. Parecía una loca por las calles de la gran Habana. Cuando llegué allí y me sentaron frente a los «proveedores de justicia». Me hicieron una advertencia, una sola advertencia. Luego me llevaron al lugar donde estaban mis treinta manuales de Teología Pastoral y me dijeron: «Váyase y no vuelva a traer material así a nuestro país». ¿Qué? ¿Eso era todo? ¿Y la multa? ¿Y lo demás? ¿Y el juicio? Nada más. No hubo nada más. Recogí mi material, llené la maleta (que de regreso siempre vuelve vacía) y salí, dándole gracias al Señor y alabándolo por haber puesto al lado mío un ejército a mi servicio. ¿Y saben qué? Ese era mi segundo viaje a ese país. Luego regresé nueve veces más, para hacer lo mismo: enseñar en la Iglesia del Señor.

¿Luchas? ¿Tienes luchas y crees que todo está perdido, que estás solo? No. El Señor es nuestro Jehová Sabaoth, el Dios de los Ejércitos, el que pelea nuestras batallas, el que nos libra de nuestros enemigos. A veces los enemigos están dentro de nosotros mismos: la inseguridad, las dudas, la falta de paz interior por algún pecado del pasado o una mala práctica no superada. Es donde necesitamos que el Señor nos ayude a vencer. El nombre Jehová Sabaoth expresa su majestad, poder y autoridad. Denota que Dios es capaz de realizar lo que determinó hacer. Dijo que perfeccionaría el trabajo que el Espíritu Santo comenzó en ti y en mí. Él lo hará. Si tienes luchas, ven a Jesús. Si no sabes cómo vencer, acude al Jefe de los Ejércitos para que pelee por ti y espante a tus enemigos. Él te dará la victoria. No dudes.

«Amados, no os sorprendáis del fuego de prueba que os ha sobrevenido, como si alguna cosa extraña os aconteciese, 13 sino gozaos por cuanto sois participantes de los padecimientos de Cristo, para que también en la revelación de su gloria os gocéis con gran alegría».

1 Pedro 4:12-13

DÍA 85: AFLIGIDOS Y GOZOSOS EN JESÚS

Uno de los personajes de las misiones que ha llamado mucho mi atención desde la juventud es Sadhu Sundar Singh, de la India, llamado «el apóstol de los pies sangrantes», quien literalmente dejó sus huellas marcadas con sangre en las nieves de la India, mientras llevaba la palabra de Dios al Tíbet. Allí se le vio por última vez en abril de 1929.

Esta frase de Sundar se volvió famosa y dice así:

«El dolor del hombre y el sufrimiento, el dolor, y la aflicción, se levantan como nubes y eclipsan por un tiempo el Sol de justicia, y lo ocultan de la vista, pero no desmayes, porque al final de esta nube de dolor descenderá en lluvias de bendición sobre su cabeza, y el Sol de justicia aparecerá sobre ti para quedarse para siempre».

En nuestro caminar por la senda del Señor y, sobre todo, en nuestro servicio a Él, es muy posible que el dolor y la aflicción quieran opacar o eclipsar la luz del Señor. Puede que tengamos cuestionamientos, dudas, preguntas sobre su acción en nuestras vidas mientras le servimos. Es posible que te encuentres en un momento especial de dolor cuando piensas que la presencia de nuestro Padre se ha ocultado. Nada más lejos de la realidad. Es probable que no hayamos llegado a sangrar de nuestros pies llevando las buenas de salvación; es posible que no hayamos sufrido destierros, ni secuestros. Lo más seguro es que no hemos llegado a la sangre, como dice Hebreos 12. Pero cierto es que para ti y para mí, nuestro dolor y aflicción son particulares, incomparables, porque lo estamos viviendo nosotros.

Sin embargo, quiero que nos animemos pensando en nuestro Maestro, siempre mirando su ejemplo, su modelo. Nadie como Él, pues nuestro Señor sufrió todo lo inimaginable, por nosotros. Justo, santo, sin mancha. Nos dijo que en el mundo tendríamos aflicción, vejámenes, rechazos, malos entendidos, dolor, sufrimiento, íbamos a ser vendidos, encarcelados por nuestra fe. ¿Has sufrido hasta ese extremo? ¿Has experimentado algo semejante? ¿Cuánto estamos dispuestos tú y yo a sufrir por Jesús? Sandhu Sundar Singh nos recuerda en su frase que todo esto es momentáneo porque un día toda esta lluvia de dolor descenderá en bendición sobre nuestras cabezas y el Sol de justicia, Jesús, estará ahí para siempre. No desmayemos.

Y esta otra frase parafraseada de Sadhu Sundar Singh, nos recuerda que, aunque pensemos que la presencia de Señor está lejos, sucede parecido a lo que pasa con la sal. Si la disuelves en el agua, parece que desaparece, pero si pruebas el agua, te darás cuenta que está ahí. Jesús, cuya presencia puede ser invisible, se hace evidente a los demás por medio del amor que Él nos imparte.

No creas que estás solo. Hay gente que demuestra la presencia de Cristo en sus vidas a través de su cariño hacia ti, hacia nosotros. Recibe hoy la fuerza del Señor y vive seguro de su compañía, no importa la aflicción y el dolor que ahora mismo estés experimentando. Si estamos pasando por una prueba de fuego, es parte de los padecimientos que tenemos que pasar por Jesús, de manera que Él nos establecerá, fortalecerá, afirmará y perfeccionará. Bendito sea su nombre.

«Por lo tanto, mis amados hermanos, permanezcan fuertes y constantes. Trabajen siempre para el Señor con entusiasmo, porque ustedes saben que nada de lo que hacen para el Señor es inútil».

1 Corintios 15:58

DÍA 86:
SI ES EN EL SEÑOR, NUNCA SERÁ EN VANO

«Hola, profe. ¿Recuerda cuando usted tomaba unos minutos de la clase y nos hablaba de Jesús? Yo le sirvo hoy». «¿Recuerda cuando usted me presentó las buenas de Jesús cuando yo era niño? Hoy soy un pastor y le sirvo al Señor». «¿Recuerda el tiempo que usted nos dedicaba cuando éramos niños y luego adolescentes? Ninguno está fuera, todos servimos al Señor». «Tía, regresé al Señor. Recordé todo lo que nos enseñó cuando niños y no le encuentro sentido a nada fuera del Señor».

Frases como esas alientan el alma y le dan vida a nuestra existencia. El escuchar a jóvenes, hombres y mujeres por dondequiera que vamos, recordándonos que se hizo un trabajo y que este no fue en vano.

Pablo decía a una iglesia: «Ustedes son mi gozo y corona». De la misma manera cuando veo a una chica pastoreando con su esposo, una dama dirigiendo a las mujeres de su iglesia, un joven siendo el pastor de jóvenes, un maestro o maestra ministrando a los niños y entrenando a otros para servir entre los niños o jóvenes, todo ese gozo no se puede comparar con sueldos de la tierra, con bonificaciones o compensaciones de los hombres.

Cuando hemos servido sin recibir siquiera los pasajes para trasladarnos, ni para los libros que comprábamos para los niños, ni siquiera nos preguntaban: «¿Cuánto pagaste por esa capacitación? ¿Cuánto te costó ese material que usas? Todo lo entregamos, sin reservas. Pero el gozo de ver el fruto no se puede comparar con «sembrar con lágrimas y escasez».

Es que Jesús dijo: «Mi Padre hasta ahora trabaja y yo trabajo». Quizás, tal vez ya no podamos hacerlo como unos pocos años atrás cuando nos movíamos como llaneros solitarios o como Juan, gritando en el desierto. Pero podemos seguir hasta que nuestro hálito de vida se extinga. Hay mucho por hacer, sentado, acostado, en una silla de ruedas, en un sofá, en el balcón de tu casa, frente a una computadora, ante un micrófono instalado en tu laptop. Hay mucho que puedes hacer. Las rodillas no están paralizadas, el cerebro está lúcido, quizás la voz está impecable. Es posible que todavía tengas el consejo oportuno en los labios, la asesoría, el *coaching* y la mentoría. Hay mucho que hacer.

Cuando el Señor a través de Pablo dijo: «Trabajen siempre para el Señor con entusiasmo, porque ustedes saben que nada de lo que hacen para el Señor es inútil», tenía plena conciencia de lo que decía. Nada es en vano, nada es inútil. Hay que hacerlo con entusiasmo y alegría, aunque nos cueste.

Cuando podemos levantarnos de un encierro y aportar un pequeño grano de arena en la obra del Señor, el gozo no tiene precio. Ver a gente crecer en su vida cristiana, en su servicio a Dios, poderles ayudar a que sean mejores en lo que hacen para Dios, no tiene comparación. Y eso es por gozo de servir a Cristo y porque si mi Padre hasta ahora trabaja, yo también lo debo hacer.

¿Cuál es tu trabajo? No importa cuál sea si es honesto, honrado. Es una bendición de Dios. Hazlo con entusiasmo, nada es en vano. Con eso bendices a tu familia, le suples y con ello, honras a Dios, quien estableció que debemos trabajar con lo que sabemos hacer. Dios bendiga tu labor.

«Crea en mí, oh Dios, un corazón limpio,
y renueva la firmeza de mi espíritu».
Salmos 51:10

DÍA 87: INTENCIONES ESCONDIDAS

—Hola papá, ¡qué lindo te ves hoy! ¿Cómo te fue en el trabajo? ¿Comiste bien? ¿Los clientes fueron amables contigo? ¿Pudiste vender algo? Me encanta que hayas llegado temprano. Te quiero mucho, papi.

—Sí, me fue muy bien. Pero... ¿y toda esa amabilidad? Dime qué es lo que me quieres decir realmente. ¿Necesitas algo?

El padre conocía perfectamente la manera de proceder de la hija. Sabía cuándo estaba siendo sincera y cuando actuaba porque en su interior, muy allá dentro, tenía otras intenciones.

Nuestras acciones, nuestras palabras a veces no reflejan exactamente cuáles son las motivaciones, las intenciones que llevamos muy allá dentro. Sin querer, posiblemente, nos hemos dejado influir por la manera de actuar del mundo. O por nuestra pequeña porción de naturaleza humana que todos los días necesita redención, porque es un proceso el trabajo de santificación de nuestro carácter.

Cuando interferimos para evitar el progreso de nuestro amigo, cuando abiertamente no permitimos que alguien que tiene excelentes talentos o dones de liderazgo se exprese y lidere libremente, cuando de manera solapada ponemos un pie para que alguien tropiece, estamos mostrando que hay algo en nuestro corazón que necesita ser trabajado por el Señor.

El salmista pide en este texto citado, que Dios cree en él un corazón limpio y que renueve un espíritu firme ¿Por qué tenía el salmista que pedir eso si se supone que hemos tenido un encuentro con Dios? Precisamente porque hay intenciones que a veces están solapadas en nuestro espíritu, en nuestro interior. Corazón y espíritu son palabras usadas aquí para referirse a las partes más íntimas de nuestro ser.

Sí, los sentimientos nos traicionan muchas veces y las obras de la carne también. Una de esas obras es la envidia, los celos, la inconformidad por virtudes que tienen otros en nuestro entorno y que no deseamos verlas crecer. Planificamos intencionalmente acciones de modo que esa persona no pueda mostrar quien es y lo que puede ser capaz de realizar por el bien de la comunidad donde estamos.

Mucho cuidado debemos tener. Dios conoce más allá de nuestras palabras; lo que nosotros quisiéramos hacer pasar como una acción casual e inocente, Dios de antemano lo conoce a la perfección ¿Podemos escapar de eso? Está en nuestra alma, en el corazón y necesita ser puesto a la disposición del Señor para que nos limpie y renueve nuestra mente e interior. Solo a través de la intervención del Señor se puede lograr un cambio en nuestras intenciones y motivaciones. Antes de que hablemos o actuemos, Dios sabe exactamente lo que nos motiva e impulsa. Cuando intentamos cerrar la puerta a alguien para que no pase, para que se expanda, hace rato que el Señor lo ha identificado.

Es necesario que dejemos que Dios nos examine, que nos sometamos a su escrutinio. Si el Señor ha puesto en otros dones, talentos, fortalezas que nosotros no tenemos; si, incluso, Él ha hecho un tipo de llamado a otros, que no es el mío, Él hará lo que sea su voluntad para que eso se cumpla. Que no interfiramos en la obra de Dios en ninguna persona, en ninguna comunidad porque, finalmente, todo repercutirá para el bien de todos y para la gloria de Dios. No cerremos nosotros una puerta que el Señor ha abierto. Rindamos a Él nuestro corazón y espíritu.

«Echa sobre Jehová tu carga, y él te sustentará; no dejará para siempre caído al justo».

Salmos 55:22

DÍA 88: ANSIOSO, DESCANSA

Somos especialistas en llenarnos de ansiedad, en cargarnos por asuntos que ni siquiera han llegado a su fecha límite. Nos preocupamos de tal forma que olvidamos casi completamente quién es nuestro sustentador, y cuando digo sustentador, es en todos los sentidos.

Hace unos días, se me estaban cumpliendo todas las fechas límites de innumerables compromisos de tipo económico. Miraba para arriba y para abajo, me preguntaba de dónde vendría mi socorro. Realmente no encontraba cómo iba a salir del asunto porque había decidido compartir mi necesidad solo con el Señor. Y esa noche, un amigo colega del ministerio me preguntó: «¿Qué necesitas, con cuánto te ayudo?». Esa persona también depende del Señor para su sustento. Sin embargo, Dios lo usó para dar según sus fuerzas y es posible que más allá de sus fuerzas. Soy de las que aprecian y valoran profundamente ese tipo de desprendimiento. Pero, sobre todo, me sirve para confirmar que la dependencia tiene que venir de nuestro Padre y no de nuestra preocupación o ansiedad.

Pedro, posiblemente recordando lo que dice el salmo 55:22, nos indica varias cosas. La primera es que la solución ante cualquier situación difícil es humillarnos, humillarnos bajo la poderosa mano de Dios. La segunda cosa es echar, verter, vaciar, poner, colocar toda nuestra ansiedad sobre Dios. Pedro reconoce que sí podemos experimentar ansiedad. Esa ansiedad que hace que muchos se coman las uñas, les nuble la visión y no les permita ver el «estanque de agua» que Dios nos puso en el desierto. Lo tercero que nos recuerda es la razón por la que Pedro nos invita a humillarnos y echar nuestra ansiedad, ya que Dios tiene cuidado de nosotros. Él se ocupa en todo sentido. Contrario a nuestra preocupación, Dios se ocupa, o sea, hace algo, resuelve.

Es posible también que la ansiedad que nos envuelve a veces no tenga que ver con asuntos de índole económico, sino que viene por los hijos, la familia, pecados no resueltos, inconfesos, alguna práctica o forma de vida que no va acorde con la conducta del Reino y que no hemos podido rendir al Señor. Eso nos genera un tipo de angustia porque hemos pensado que es en nuestra fuerza interna y propia que lo podemos enfrentar. Humillaos bajo la poderosa mano de Dios y Él se ocupará de trabajar y bregar con todo eso. No hay poder humano, por más invencibles que nos creamos, que pueda traernos solución a los asuntos del espíritu y el alma. Solo la presencia y la limpieza diaria del Señor en nosotros.

No vayamos como el hombre aquel que pidió un viaje gratis en un camión, iba con un fardo bien pesado en su espalda, pero cuando subió al transporte todavía llevaba el bulto sobre sí hasta que alguien le dijo: «Amigo, descanse, ponga ese saco en el piso del camión». Te desafío a que hoy echemos en el Señor nuestra carga, porque Él ha prometido que nos sustentará, no importa cuál tipo de carga sea, no importa cuánto pese y agobie. No vayamos por nuestra vida cristiana cargando lo que no debemos cargar. Dios se encarga.

«Y aconteció que mientras uno derribaba un árbol, se le cayó el hacha en el agua; y gritó diciendo: ¡Ah, señor mío, era prestada!».

2 Reyes 6:1-7

DÍA 89:
ERA PRESTADO

Era necesario, según las costumbres de mi tierra, ir al médico bonito, arreglado y limpio. Pero a veces no había la ropita adecuada debido a la condición precaria de la familia. Siempre limpios, sí, pero ropa nueva, muy difícil. Recuerdo que tenía que ir al hospital a un proceso normal para todos los niños, como son las vacunas ahora. No tenía un vestidito nuevo o adecuado, y una amiguita vecina me lo prestó; no sé cuánto costaba, pero era prestado. Bueno, fuimos al hospital, medias y zapatitos limpios, vestidito limpio y planchado. Cuando regresamos, enseguida mi madre lavó el vestido, lo volvió a planchar con su plancha de carbón y lo devolvimos. Ella siempre decía: «Lo prestado se cuida más que lo propio, devuélvelo después de que lo uses».

Imagino que cualquiera se identifica con una historia real así o es posible que nunca hayan tenido que pedir algo prestado. Muchos de nosotros nos hemos propuesto en la vida no tomar prestado nunca, así como nunca tomar algo a crédito. Pero como la vida es tan sorpresiva, nadie está exento de tener que usar algo ajeno algún día. No creo que María y José quisieron tener que acostar a su bebé en una «cuna» prestada. Tampoco creo que Pedro iba a imaginar que el Maestro le iba a tomar prestada una barca o su casa para predicar. Es posible que Eliseo no tenía en planes tomar un hacha prestada para trabajar en la casa de la escuela de misiones que él dirigía, pues un hacha era una fortuna en ese tiempo, eran muy costosas. No creo que alguien iba a suponer que el Rey usaría un aposento, un burrito o una tumba prestados.

Tenemos a veces una distorsión interesante de la vida y de las cosas. Pensamos que todo lo que tenemos es propio. Y sí, hemos trabajado durísimo para conseguirlo, para acumularlo, para ahorrar. Aun así, todo es prestado. Dios puso en nuestras manos las cosas para administrarlas, darles un buen uso, cuidarlas, pero siempre con la mentalidad de que tengo que devolverlo.

Cada centavo cuenta, cada peso o dólar o la moneda que uses, cuenta. Nada debemos desperdiciar, no debemos botar el dinero como si no tuviéramos que rendir cuentas. Si uso el dinero que el Señor me provee porque soy una obrera de su altar, tengo que saber en qué lo uso y administrarlo bien: en mi sostenimiento, en las cosas del Reino y cuando puedo, para ayudar a otros. Si tengo un buen salario porque mi empleo es excelente, de la misma manera, soy un administrador de los bienes. A veces decimos: «No se meta en la forma cómo uso mi dinero». Es cierto, pero debemos dejar que el Señor sí nos pida cuentas.

Cuando tengamos algo valioso en nuestras manos, recordemos: era prestado, es prestado. No importa cómo lo hayamos conseguido, es prestado y lo prestado se cuida el doble y se devuelve en buenas condiciones.

No tengamos nunca la conciencia de lo mío es mío y nadie me lo quita. Puede ser, pero si vivimos con la conciencia de que Dios nos ha prestado todo, le daremos más valor a todo y más que cualquier cosa, a las personas, que también nos han sido prcstadas por el Señor para hacernos y hacer más felices a otros. La vida es prestada, debemos cuidarla. Pertenece a Dios.

«Canta, oh, hija de Sion; da voces de júbilo, oh, Israel; gózate y regocíjate de todo corazón, hija de Jerusalén. Jehová está en medio de ti, poderoso, Él salvará; se gozará sobre ti con alegría, callará de amor, se regocijará sobre ti con cánticos».

Sofonías 3:14-17

DÍA 90:
PORQUE ÉL CANTA, YO TAMBIÉN CANTO

Es muy poco lo que se puede recordar de una hermana que falleció hace tantos años, cuando, apenas, era yo una adolescente. Pero hay imágenes de ella que nunca olvidaré porque la amé entrañablemente. Recuerdo que cuando mis padres, o mi madre la castigaban por algo incorrecto que hiciera ella y cualquiera de los demás, muchas veces la escuché cantar, sí, cantar al poco rato de recibir su castigo. Cualquiera de nosotros o, por lo menos yo, ya sabía si su molestia había pasado; salía por ahí cantando. Era así. Mostraba que ya no estaba enojada, cantando.

¿Es posible cantar en medio de un dolor, un castigo, un encierro? En estos versículos del profeta Sofonías sorpresivamente encontramos en primer lugar, que el Señor invita a cantar a la hija de Sion, a su pueblo en la tierra literalmente. Hija de Sion representa a su pueblo Israel.

El Señor pide que haga cuatro cosas: cantar, gozarse, regocijarse y dar voces de júbilo. Todas estas son acciones que denotan alegría, entusiasmo, gozo.

Y hay una razón muy poderosa por la cual se le invita a la hija de Sion a cantar y todo lo demás, y es que el poderoso está en medio de ella. No solamente la hija de Sion debe cantar, sino que el mismo que está con ella cantará de regocijo y de gozo. Es interesante pensar y saber que en medio dc todo lo quc cl pueblo de Dios vivió, de todos los pesares que enfrentó, todavía podía recordar la presencia del Señor que nunca lo abandonó. Era más que motivo para gozar.

¿Hay situaciones en este día que lo que traen es tristeza y lágrimas a tu corazón? Es posible que sí. Es probable que tengas tiempo pasando por alguna situación que lo menos que pudieras hacer en medio de esto es cantar, gozarte, regocijarte. Es posible a la vez que haya conductas y estilos de vida en nosotros que lo menos que puede hacer el Señor respecto a nosotros es gozarse, callar de amor y regocijarse con cánticos. Lo más que merecemos es un castigo, una disciplina. Sin embargo, debo afirmar aquí que mi gozo no depende de las circunstancias externas sino de la obra de Cristo en mi vida y que esto viene del interior y es duradero, pero de la misma manera el amor de Dios hacia nosotros no depende de cuán buenos o sumisos seamos con Él, sino que depende de su misma naturaleza y esencia. Él es amor. No depende de mí, depende de Él. Y eso es, precisamente lo que nos da seguridad en medio de todas nuestras miserias humanas. Dios nos ama, nos perdona y se goza con cánticos sobre nosotros.

Es más, Él calla de amor. Nos observa aturdidos, desanimados, sucumbiendo en nuestros yerros o sintiéndonos impotentes ante cualquier situación difícil y lo que hace es callar de amor, como diciendo: «Pobre hijo mío, se olvida de que estoy presente y soy poderoso».

No importa lo que estés viviendo, hija de Sion, regocíjate y canta. Dios, el Todopoderoso está en medio de ti. Él te salvará, nos sacará airosos de cualquier situación difícil. Cantemos de gozo porque también nuestro Señor canta lleno de amor por nosotros.

«Oh Jehová, tú me has examinado y conocido. Tú has conocido mi sentarme y mi levantarme; has entendido desde lejos mis pensamientos. Detrás y delante me rodeaste, y sobre mí pusiste tu mano. Tal conocimiento es demasiado maravilloso para mí; alto es, no lo puedo comprender. Te alabaré; porque formidables, maravillosas son tus obras; estoy maravillado, y mi alma lo sabe muy bien».

Salmos 139:1-2; 5-6 y 14

DÍA 91:

LE ALABARÉ. MI DESCANSO ABSOLUTO ES DIOS

A menos de una semana después del tenebroso 11 de septiembre, recordado por el mundo entero, yo tuve que tomar un avión. Era un viaje corto y una ruta ya conocida. Sabía que prácticamente era subir al avión, elevarse y llegar enseguida. Pero ese vuelo fue particularmente extraño: largo, lento y misterioso. Llegó un momento en que puedo afirmar que escuchaba a la gente hacer todo tipo de oraciones y quejas en voz baja. Pero también me llegó la incertidumbre. ¿Se puede caer este aparato? Y me dijo una voz: «Seguro que se puede caer, no estamos exentos». Entonces canté en voz baja, oré, repasé mi vida en la mente y descansé. Lo único que podía hacer era descansar. Nada más podía hacer, no había opción. Cuando todo pasó y estaba en tierra, la alabanza casi fue colectiva. Dios había tenido el control.

Sí, hay varias circunstancias en las cuales no tenemos otra opción que descansar. Para mí, quizá, las más notorias son, en las altas nubes y al entrar a un quirófano anestesiada completamente. Pero cada uno tendrá las suyas.

En el Salmo 139, uno de mis eternos favoritos, el autor comienza haciendo unas declaraciones más que atrevidas, muy honestas. El Señor ha conocido todas sus acciones, tanto en caminar como en reposo, estaban a la luz delante del Señor. Parecía andar sin miedo y sin sentirse acusado o condenado por Dios, ya que Él lo conocía. Indirectamente agradece que el Señor haya entendido hasta el mínimo pensamiento. Eso le provoca admiración y, por qué no, asombro y gratitud.

Lo segundo es que Dios lo había rodeado por todos los lados, por todos los costados. Había puesto su mano sobre el salmista. Y eso le produjo una conmoción interna que lo hace exclamar lo maravillado que está. Finalmente, alaba a Dios por la belleza, la grandeza, lo incomprensible que son las obras de nuestro Dios.

Estamos ahí, posiblemente agitados por dentro, tentados a llenarnos de pavor o a ser desprovistos de nuestra tranquilidad interna. Las circunstancias parecen ir en contra de nuestros anhelos más profundos y, entonces, nos detenemos en el Salmo 139 y sus palabras nos traen descanso. Si Dios rodeó delante y detrás a un hombre hace miles de años, lo puede hacer perfectamente ahora.

Si puso su maravillosa mano sobre él, las puede poner en este momento también para protegernos, sanarnos e infundir paz, una paz que sobrepasa todo entendimiento humano.

Lo menos que podemos hacer ante declaraciones y realidades tan hermosas de la Palabra, es reposar. Nuestro descanso absoluto viene de la certeza de la palabra de Dios, de sus promesas, de la mano tierna y dulce de nuestro Padre Creador acomodando todas las cosas en nuestras vidas.

Debemos decirle a nuestra alma: «Maravíllate, tú sabes bien que las obras de mi Dios son formidables, no dudaré en nada porque Él lo ha hecho y lo volverá a hacer». Tentado a dudar, no dudes, solo confía y alaba a tu Dios.

«Bendice, alma mía a Jehová.... ¡Jehová Dios mío! Que establece sus aposentos entre las aguas, El que pone las nubes por su carroza, El que anda sobre las alas del viento; El que hace a los vientos sus mensajeros, Y a las flamas de fuego sus ministros. Él fundó la tierra sobre sus cimientos; No será jamás removida».

Salmos 104

DÍA 92: ¿IMPRESCINDIBLE?

Me desperté un día bien temprano como es normal en mí. Salí al pequeño balcón, que nosotros llamamos galería por estos predios. Me di cuenta de que había amanecido. Era el tiempo más recio de la pandemia. Cuando vi alrededor, las callecitas, estaban prácticamente vacías. Después comenzó a transitar una que otra persona, sobre todo niños. Constaté que el mundo estaba vivo. Luego encendí un dispositivo. Ahí estaba la gente, en pantallas, sí, pero presentes. Al poco rato, las noticias mundiales. Todo frío y seco, pero ahí estaban. Un poco más tarde, noticias de los hospitales, casos, llantos, quejas, contagios. Pero ahí estaba el mundo. La vida seguía y yo estaba en mi casa, encerrada, como todos, pero la vida seguía.

¿Cuántas veces hemos pensado que el mundo soy yo y que el mundo lo sostengo yo? ¿Cuántas veces hemos creído que las cosas funcionan porque yo estoy ahí? Creo que todos hemos pasado por ese pensar, que, si yo no estoy, entonces no funciona. ¿Te has creído imprescindible? Lo más seguro que sí, al igual que yo. Pero vamos por aquí y por allá y por acullá, constatamos que la vida sigue corriendo.

Se sabe que uno de los motivos de desaliento, desánimo o depresión en algunas personas es darse cuenta de que ya no son tan necesarios para algunas cosas, incluso, para personas las cuales se creían insustituibles. Muchos se llegan a deprimir y no le encuentran sentido a la vida porque se convirtieron en el manipulador que necesita que lo necesiten. Es lindo poder servir y darse por entero si es necesario, pero un día te «sacarán pie» y, simplemente, hay que seguir adelante porque «más pa´lante vive gente».

¿Creemos que las cosas no funcionarán si yo no estoy? Te invito a esperar la jubilación, la pensión o, simple, la salida de un trabajo o de un medio donde tenías mucho tiempo. ¿Soy dura? Es posible. Pero vivir con la expectativa de que el mundo se va a caer si yo no estoy, es una falacia, una utopía.

El mundo va a seguir, la gente se la «va a buscar» para sobrevivir o vivir sin nosotros. Las pandemias mundiales lo han demostrado y, en el caso nuestro, esta pandemia que nos ha tocado vivir es el claro ejemplo. Estamos a varios años después del gran inicio, y la vida sigue corriendo.

Quien sostiene este mundo es el Señor. El Salmo 104 nos da una increíble descripción de ello. En estos primeros versos solo es una muestra de que Dios está por encima de todo, y todos los elementos descansan en Él. El fundador de la tierra, de la vida, de los hombres, del Universo, es Dios. Es Él quien hace que los cimientos de la tierra jamás sean removidos. No hay otro que sea imprescindible en este mundo, sino solo Dios. Todo lo demás, incluyéndome a mí, es pasajero. Viene y se va, comienza y acaba.

Lo más recomendable es que soltemos aquello que creemos que se va a caer sin nosotros y tengamos paz. Esa paz me hace internalizar que yo puedo dedicarme a lo que es una prioridad en mi vida y que lo demás puede seguir su curso conmigo o sin mí. Si Dios sostiene el mundo, todo lo demás puede continuar. Él se encarga, yo debo reposar en Dios. Y cuando descanso en esa verdad, me hago responsable de lo que yo soy responsable y permito a los demás serlo sobre lo suyo también. Sobre todo, dejo al Señor que sostenga lo que yo no puedo. Eso es descanso.

«Bendeciré a Jehová que me aconseja; aun en las noches me enseña mi conciencia».
Salmos 16:7

DÍA 93: LA CONCIENCIA, EXCELENTE MAESTRA

En cierta ocasión, en un tiempo no muy lejano, escuché tanto unas frases de acusación que fueron haciendo mella en mi cerebro. Una noche, llegando a dudar hasta de mi misma integridad, me dije: «Intentaré una sesión de regresión, pagaré por eso». Lo confieso, es el peor pensamiento que me ha pasado por la mente, pero estaba aturdida. Hasta que, volviendo en mí, busqué mi Biblia, oré, me acosté y todo estuvo claro en mi mente y corazón. No había nada que me pudiera acusar, no había pasado algo ni parecido a aquella acusación y Dios me dio paz. Él había hecho la regresión, mi conciencia estaba limpia.

¿Solo yo he tenido experiencias como estas? ¿Seré humana yo sola o habrá alguien más que se identifique? En incontables ocasiones tenemos que luchar con el «gusanillo» de la conciencia, como decía mi recordado profesor, el pastor Lecaro Tovar. Llega la noche y eventos del día visitan nuestra mente preguntando si lo que hicimos estuvo correcto o no, si hizo daño a alguien o no. Nos preguntamos si actuamos bien o actuamos mal y, a veces, lo que vienen son una serie de acusaciones o inquietud porque parece que algo sí anduvo mal. Si eso sucede en tu caso es porque todavía, gracias a Dios, hay una conciencia que trabaja.

En el versículo que hoy compartimos, estoy de regreso al Salmo que sirve de inspiración a esta serie de devocionales, el Salmo 16. El versículo 7 me recuerda una de las características preciosas de nuestro Dios y que luego vendría representada también en Jesús, Dios es nuestro consejero. Bendeciré a Jehová que me aconseja, dice el autor. Y lo que quiero resaltar es la siguiente parte: «Aun en las noches me enseña mi conciencia».

La consejería de parte del Señor es por medio de su Palabra esencialmente, pero si esa palabra no ha hecho eco en nuestra conciencia, si no la hemos leído, si no la hemos estudiado; es decir, si no conocemos lo que dice Dios en Su Palabra, no hay forma de que nuestra conciencia nos acuse o nos aplauda. Para que mi conciencia pueda aconsejarme, debo saber qué está aprobado por Dios y qué no.

En otra parte de la Escritura habla de que hay dos que nos acusan o nos reprenden: Dios y nuestro corazón. A veces la conciencia nos puede hacer una mala jugada, pero si está sometida a Dios y sus principios, ella será lo más justa posible. En la noche, en el día, a cualquier hora, debemos permitir que, si no somos capaces de recordar lo que la Biblia dice respecto a algo, sea la conciencia la que nos hable. Pero como dije, esta debe siempre estar sometida a lo que dice Dios y no el mundo.

Antoine de Saint-Exupery, en su obra maestra *El Principito,* escribió: «Es mucho más difícil juzgarse a sí mismo que a los demás. Si logras juzgarte bien a ti mismo eres un verdadero sabio». Podemos traducir «juzgar» como examinar, escudriñar, hacer una introspección.

No debemos tener miramientos a la hora de hacer un examen minucioso de nosotros mismos. La conciencia juega un papel muy importante en este proceso. Finalmente, no importa cuán gris sea el resultado del examen, el Señor ha provisto todo en Cristo Jesús para limpiarnos y mantener sensible nuestra conciencia, la asistente de Dios en consejería.

«Con amor eterno te he amado; por eso, te prolongué mi misericordia... ¿No es Efraín un hijo precioso para mí? ¿No es un niño en quien me deleito? Desde que hablé de él, lo he recordado constantemente. Por eso mis entrañas se conmovieron por él, y ciertamente tendré de él misericordia, dice Jehová».

Jeremías 31:3b-20

DÍA 94: NOS PROMETIÓ AMOR ETERNO

Considero la adopción como un acto maravilloso de amor y de libre escogencia. No ha habido bebé en el mundo, según creo, que les haya dicho a sus padres adoptivos: «Escógeme a mí». De la misma manera, cuando alguien nos escoge para que seamos sus tíos, padres, madres o hermanos, como en la adopción, es un acto libre y lleno de gracia. Saberse adoptado es saberse amado; adoptar es amar, de la misma forma.

Cuando recordamos la historia de José en Egipto, todo lo que tuvo que atravesar, todos sus actos de amor y perdón, el corazón se me achica, se me sensibiliza; más que todo cuando recuerdo la llegada de Jacob, su padre, y de toda su familia al floreciente Egipto. Todo lo que eso envolvió hace que la memoria nos lleve enseguida al amor y la misericordia de Dios.

Podemos recordar cuando Jacob iba a morir. Intencionalmente, cambió las manos para bendecir y escoger a Efraín en lugar de Manasés que era el primogénito de José. Esa bendición de ser el primogénito, el primer hijo, el que iba a tener la mayor herencia y bendiciones, no se negociaba fácilmente. Pero Efraín se llevó la bendición del patriarca. El Señor mismo dice, a través de Jeremías, que cuando Él piensa en Efraín se le conmueven las entrañas. ¿Qué hacía que al Señor se le conmovieran las entrañas cuando pensaba en Efraín sabiendo que esta tribu también había pecado contra Dios? No lo sabemos, pero de lo que estoy segura es que Dios amaba entrañablemente a Efraín y había decidido prolongar su misericordia sobre él.

Cada vez más sigo escuchando a creyentes y no creyentes decir MEREZCO o merecemos esto o aquello. Es cierto. La fidelidad, la honradez, la lealtad, la honestidad, el trabajo duro, la perseverancia y todos esos valores, nos hacen acreedores de muchas cosas. Pero lo que quiero recalcar es que todo lo que tenemos, todo lo que recibimos, lo que pudiéramos llegar a obtener es por pura gracia y misericordia de Dios. Esto incluye el hecho de que Dios olvida los pecados de nuestro pasado, también el de nuestros antepasados y de todo aquello que nos represente. Los abuelos, los antepasados, y la misma generación de Efraín habían fallado a Dios. De la misma manera, nosotros también. Si Dios fuera a tomar en cuenta todo esto, acortaría su misericordia y nos disciplinaría en lugar de perdonarnos y apiadarse de nosotros.

Todos los días es recomendable hacernos un video de todo lo que nos ha sucedido día a día, mentalmente, en nuestra intimidad. Nos daremos cuenta de que no son nuestros méritos los que prevalecen, sino la pura misericordia de nuestro Señor. Como dijera alguien: «Por dondequiera respiro misericordia». Claro, la misericordia de Dios.

Cuando el Señor decidió adoptarnos como hijos, como hizo Jacob con los dos hijos de José al incorporarlos a sus tribus, también decidió olvidarse de nuestros yerros y extender cada día su amor eterno sobre nosotros y alargar su misericordia. No toma en cuenta nuestros errores pasados porque han sido perdonados y, en lugar de disciplinarnos por ellos, nos enseña a través de los recuerdos y las consecuencias lógicas que esto trae, pero, a la vez, abrazándonos y rodeándonos con su eterno amor.

Recordemos, no es nuestra belleza, nuestros logros o méritos humanos que mueven a Dios a amarnos eternamente y a no tomar en cuenta nuestro prontuario. Es Él mismo, es su gracia, es su misericordia.

«Entonces Dios abrió los ojos de Agar, y ella vio un pozo lleno de agua. Enseguida llenó su recipiente con agua y dio de beber al niño».

Génesis 21:19

DÍA 95:
SUS OJOS ESTÁN ATENTOS

Llamé al Centro de Diagnóstico Avanzado para ver si mis resultados estaban listos. Así era, por lo que uní dos diligencias para trasladarme a la ciudad. El hecho de ir en mototaxi no es conveniente para mí. Lo tengo prohibido, pero no había otro medio para llegar o salir de allí y tomar el transporte de regreso a casa. Me sentía un poco turbada, por los resultados del estudio y por mis problemas de equilibrio debido a la situación auditiva. Estaba ahí, como quien dice: «Mirando para arriba, mirando para abajo, mirando a la maestra pasando trabajo». Llamé repetidas veces y no obtuve respuesta. Alguien me sugirió: «Toma un ecotaxi» y no me alcanzaba. Entonces hice lo que siempre hago: oré, tranquilamente, oré y me relajé. Estaba como mirando al infinito, de pronto vi de frente y allí estaba llegando una persona conocida, casi familia y le pregunté si se iba enseguida. Me dijo: «Si va para su pueblo, la podemos llevar». No solo eso, ellos no son exactamente de mi pueblo, pero me invitaron a almorzar en la casa y luego me trajeron a mi pueblo. La historia de por sí, podría ser nuestra meditación de hoy.

Agar, en una historia que a cualquiera le causa un nudo en la garganta, tuvo que salir de la casa de su ama, Sara, la esposa de Abraham porque las cosas se le pusieron «color de hormiga». Ahora no era ella sola, tenía un niño, uno que estaba bajo promesa, pues era el hijo de Abraham. Su situación llegó al tope en el desierto, se les acabó toda provisión y posibilidad humana de conseguir algo para comer y beber. De pronto, Dios, quien no tiene fronteras o clase social para ayudar, ve la aflicción y literalmente abre los ojos de Agar para que viera lo que tenía frente a ella, un pozo de agua para beber; con esto, ellos podían seguir su viaje. Allí ella comprobó la bondad del «viviente que la vio».

¿Se nos aplica? Claro que sí. No sé cuál es la situación que tú hayas estado experimentando, pero Dios la sabe y yo sí sé la mía. Puede ser que el mundo se te viró, que hayan sobrevenido cambios inesperados y has tenido que hacer todos los reajustes necesarios para seguir funcionando. Yo no sé. Solo sé que tenemos al mismo Dios, al mismo Señor y dueño del Universo, pendiente del mínimo detalle de nuestras vidas. El mismo que hace surgir agua de donde no hay manantiales, el que hace florecer en el desierto y el que resucita muertos donde no había esperanzas de vida. Ese es mi Dios. Todos los atributos divinos le pertenecen, toda la gloria y toda la majestad. Él no tiene límites para manifestar su poder y lo que para nosotros se ve como una montaña insalvable, es un simple grano de arena para Él. El límite está en nuestra mente. No lo limitemos. Él sigue abriendo nuestros ojos para que veamos pozos de agua en el desierto de la vida.

«Habla a favor de los que no pueden hablar por sí mismos; garantiza justicia para todos los abatidos. Sí, habla a favor de los pobres e indefensos, y asegúrate de que se les haga justicia».
Proverbios 31:8-9

DÍA 96: SERIE DE CONSEJOS DE UNA MADRE SABIA. DEFIENDE A LOS INDEFENSOS

¿Qué momentos libres puede tener una mamá con catorce muchachos que van en escalera desde una hija casada hasta un recién nacido? A esto hay que añadir la precariedad económica en el hogar y un trabajo que empieza en la madrugada y termina al ponerse el Sol. Por tal motivo, no creo que esa madre tuviera mucho chance de sentarse a aconsejar.

Recuerdo que los consejos y las lecciones de mi madre eran servirle la comidita a los hijos, lavar en el río grandes cantidades de ropa, recoger café para ayudar al marido, hacer los «fritos», los chicharrones, sazonar la comida o darle el seno al niño de turno. Luego, fue igual ya en su vejez, sentada en el frente de la casa tomando aire, comiéndose unos mangos o en su mecedora mientras todos la visitaban. Sus consejos perduran para siempre y siempre fueron a favor del más necesitado. Así era ella.

La madre del rey Lemuel le dio varios consejos interesantes. De su boca salieron palabras que hoy retumban en todos los oídos de hombres y mujeres y que tendrán su efecto por siglos. Uno de estos consejos consiste en defender a aquellos que por sí mismos no pueden defenderse. Esas personas que por su condición precaria no pueden presentarse ante un grupo a exponer sus derechos o necesidades, no pueden representarse a ellas mismas ante las altas instancias burócratas que pueden ser injustas. La madre de Lemuel le pide a su hijo, el rey, que garantice la justicia a esos abatidos. Luego le dice, en un consejo similar, que hable en favor de los pobres e indefensos y que, de hecho, se asegure de que se les haga justicia.

Pienso en la madre de un rey pidiéndole eso a su hijo y me quedo sin palabras. En lugar de pedirle que se llene de gloria y que aproveche su posición para sacarle ventaja a todo, le pide que se acuerde de hacer bien a los pobres y necesitados. No es común eso. Lo primero que hacen los que llegan arriba es ubicar a su gente, a los que les dieron el voto (en el caso de nuestro tipo de gobierno), a los que les tumban el polvo y a los que tienen renombre. Qué sabia mujer, una madre sabia; un consejo digno de imitar.

El Día de las Madres es la ocasión para dejar el mejor legado que una madre puede dejar a un hijo: sabios consejos. Abre tu boca, mujer. No escatimes esfuerzos para sentarte e instruir a tus hijos, no importa la edad que tengan. Asegúrate de que ellos se dirigen por buen camino, no importando la posición que tengan. Y recuerda que el mejor consejo es que defiendan a los indefensos si tienen un lugar de mucha influencia.

«No es para los reyes, oh Lemuel, beber mucho vino. Los gobernantes no deberían ansiar bebidas alcohólicas. Pues si beben, podrían olvidarse de la ley y no harían justicia a los oprimidos».

Proverbios 31:4-5

DÍA 97: CONSEJOS DE UNA MADRE SABIA. CUERDO Y LÚCIDO, SIN VICIOS

La Reina Isabel II en los años cuando gobernaba en España, quiso terminar con el problema de los borrachos que avergonzaban la Málaga de esos tiempos. No encontraban solución para la situación que se volvía cada vez más insostenible porque los espectáculos públicos que daban esos borrachos agraviaban el reino. Hasta que, después de varios intentos de castigos, encontraron el adecuado: sacaban a los borrachos que habían encarcelado, los ponían en un lugar público, donde todos los vieran, los obligaban a beberse 8 litros de agua que combinados con los litros de alcohol que tenían ya dentro, se convertían en una verdadera tortura. A esto hay que agregarle la risa, la burla y el disfrute de todo el público. Finalmente se logró el objetivo, problema subsanado.

Y es que el alcohol, y no el que hemos usado para la higiene durante la pandemia, se ha convertido en un verdadero problema. La juventud está alcoholizada, los adultos también, ciudades enteras. La gente confinada consiguió en el alcohol un pasatiempo, convirtiendo a nuestras comunidades en una verdadera bomba de tiempo.

Si podemos imaginar por un momento todos los problemas que la ingesta de alcohol ha traído a los hogares, a la sociedad, tenemos que, necesariamente, escuchar el consejo de la madre del Rey Lemuel: «No es para los reyes, oh Lemuel, beber mucho vino. Pues si beben, podrían olvidarse de la ley y no harían justicia a los oprimidos».

Asimismo, el asunto de las leyes no es solo para reyes, presidentes y gobernantes. Pensemos en un padre de familia, en un profesor, en un director de escuela, en un síndico, un dirigente de cualquier organización o cualquier persona que se pasa de tragos, que se dedica a hacer de la bebida un hábito; no tendrá la lucidez para tomar decisiones, para dirigir. Los golpes en la casa, el maltrato a la esposa, a los hijos, las malas respuestas, el romper cosas, los actos de violencia; casi todos están relacionados con el licor.

Una madre sabia siempre deberá dar el consejo oportuno al hijo respecto a no ingerir bebidas alcohólicas. Pero sucede que, en la mayoría de los casos, en el hogar todos se convierten en cómplices: el que le da el dinero, el que le limpia el vómito, el que le compra un poco más para que se tranquilice. Es duro decirlo, pero es la realidad. Cuando en una casa hay un alcohólico, toda la familia vive la experiencia.

Nuestros jóvenes, nuestros gobernantes, los líderes comunitarios en todos los ámbitos, los que tienen muy fácil conseguir todo el alcohol que desean, necesitan el consejo sabio de una madre que enrumbe de nuevo a los hijos por el camino de la cordura y la prudencia, del buen juicio y la lucidez. Hay que imitar a la madre del rey Lemuel y no tener pena en aconsejar a los hijos que han tomado el camino incorrecto. Cordura, necesitamos cordura.

«Instruye al niño en su camino, y aun cuando fuere viejo no se apartará de él».
Proverbios 22:6

DÍA 98: DESCUBRE EL CAMINO DE TU HIJO E INSTRÚYELO

Ayúdame, Señor, a recordar que religión no es estar confinada en una iglesia o en un cuarto, ni es ejercitarse solamente en oración y meditación; sino que estar siempre en tu presencia.
Susana Wesley

Susana Wesley fue la mayor de 25 hermanos y la madre de diecinueve hijos. John, su decimoquinto hijo, fundador del Metodismo, nació en Epworth, Inglaterra, en la misma ciudad donde también nació Charles, su hijo decimoctavo, compositor de himnos. Ella soportó privaciones, pero nunca se desvió de la fe y de la misma manera enseñó a sus hijos.

De todas las biografías o historias de grandes mujeres que he leído, no creo haber encontrado una semejante a la de Susana Wesley, la recordada madre de los hermanos Wesley, líderes de un gran avivamiento. Creo firmemente que esta honorable mujer descubrió en las Escrituras todos los consejos sabios de Dios para criar a los hijos. De los diecinueve hijos que dio a luz, pudo criar a diez y algunos de ellos son tan conocidos como hombres de Dios que revolucionaron la iglesia y la sociedad de la época. Todo esto por la influencia de una madre sin igual. En ese hogar, lleno de necesidades y precariedades inimaginables, la disciplina era incuestionable. La devoción, el estudio, el respeto, el descanso, el trabajo, eran valores que no se podían negociar.

Cuando la Escritura dice: «Instruye al niño en su camino y aun cuando fuere viejo no se apartará de él», nos está recodando que como madres tenemos que descubrir cuál es la inclinación, el potencial, el sueño, carrera u oficio a seguir del hijo en cuestión. En ese camino del niño, en esa inclinación a servir en la sociedad, debemos instruirlo. Somos muy dados a instruir a los niños hacia nuestro propio camino y carrera, pero la Biblia habla del camino del niño. Lo más seguro es que Susana Wesley descubrió eso y ayudó a sus hijos a ser sobresalientes en lo que fueron.

¿Por qué será que el Señor dice que no dejemos la enseñanza de nuestra madre? Tiene que haber algún mérito en el consejo de una madre sabia, de seguro que sí. Este llamado nos permite inferir que los consejos de una madre tienen que ser sabios; directrices seguras, guías. Y esto, por todo lo que hemos escudriñado fue precisamente lo que hizo la madre de los hermanos Wesley. Su hijo Juan recuerda en una cita que ellos no hubieran podido llegar a ser lo que fueron sin la guía y la ayuda de su madre Susana.

La famosa frase de Susana, arriba citada, nos deja ver sus prioridades: la presencia de Dios mientras se dedica a la crianza de sus hijos.

Toda madre, y me imagino que Susana lo escuchó algún día, quisiera escuchar a sus hijos decir: «muchas mujeres hicieron el bien, mas tú sobrepasas a todas» y que sus hijos se levanten y la alaben porque fueron madres verdaderamente sabias en sus consejos.

«Ahora pues, hijo mío, obedéceme en lo que te mando...Pero su madre le respondió: Caiga sobre mí tu maldición, hijo mío; solamente obedéceme, y ve y tráemelos... Ahora pues, hijo mío, obedece mi voz...».

Génesis 27:8-13-43

DÍA 99: CUIDADO CON CONSEJOS SABIHONDOS O MALICIOSOS

«El consejo para bien se hará a las luces del día; el consejo amañado, se da detrás de las cortinas, a escondidas». Hubo un personaje que vivió unos setecientos años antes de Cristo, su nombre era Hesíodo. Escribió un poema didáctico titulado *Trabajos y días.* En este texto, el autor habla sobre el trabajo en el campo, la amistad, los vecinos y, sobre todo, el matrimonio. Allí encontrarás muchos consejos extraños, algunos, malvados. Sus dichos dejan a cualquiera sin palabras.

Pero quien nos ganó a todos en nuestra serie de consejos de madres sabias, fue Rebeca, la dulce Rebeca, esposa de Isaac. Como sabemos, ella tuvo mellizos, Esaú y Jacob; Esaú fue el primogénito. Ser primogénito era lo mejor que le podía pasar a un varón judío. Cualquier muchacho deseaba serlo; unos pocos mostraban indiferencia total hasta que veían la verdad. Eso le pasó a Esaú, no le importaba. Con él recordamos este dicho: «Nadie sabe lo que tiene hasta que lo pierde».

Aquí está Rebeca, en una incomparable historia, donde ambos progenitores tienen preferencias hacia sus hijos. Dos hijos, uno preferido por la madre; el otro, por el padre. Y esto tuvo sus consecuencias. Conocemos los hechos. Te invito a leer el capítulo completo del Génesis 27. Sin embargo, si no lo has leído, aquí explico un poco de lo acontecido: Rebeca le ordena algo a su hijo Jacob; este, sabiendo lo importante que era obedecer a los padres, y adoctrinado para cumplir cualquier mandato, ayuda a su madre a armar una trama para engañar a su padre y hermano y salir beneficiado.

Ella le dice a Jacob lo siguiente: «Obedéceme en lo que te mando», «solamente obedéceme», «obedece mi voz». Tres veces en este capítulo Rebeca le dice: «obedéceme», pero lo que le pedía, tenía que ver con engaño, con suplantar a su hermano, con engañar a su padre, con tomar ventajas para él.

Y claro, usted pensará que todo era parte del plan de Dios y sí lo era, pero a lo que me estoy refiriendo es que, para cumplir los verdaderos planes de Dios, debemos ser íntegros al aconsejar a nuestros hijos. Dios va a cumplir sus planes por encima de nosotros, porque es soberano, pero debemos tener cuidado en no adelantarnos, en no desviar el camino de los hijos haciendo creer que estamos más interesados que Dios en que nuestros hijos sean bendecidos.

El consejo engañoso, con mentiras y malicia, siempre tendrá su pago y Jacob lo sufrió, al igual que Rebeca y todos en la familia. Error que hasta el día de hoy el mundo ha sufrido, a causa de un consejo fuera de tono, fuera de tiempo, lleno de engaño.

Cuidado, mamá: de los personajes bíblicos también aprendemos a no repetir sus acciones cuestionables. Sé sabia, aconseja, pero de la manera en que Dios lo ha determinado. No te adelantes a sus planes, no envuelvas a tus hijos en las malas consecuencias de una acción desentonada debido a un mal consejo.

«Su madre dice a los que servían: "Haced todo lo que os dijere"».
Juan 2:5

DÍA 100: EL CONSEJO MÁS SABIO DE TODOS, LA MADRE MÁS SABIA

Tratando de concentrarme y enfocarme en la labor impuesta por Cristo, encontré todos los obstáculos posibles realizando una capacitación especial para entrenar a otros en mi área. Ese día, no había forma de que pudiera hacerlo, ya que mi cuello había amanecido rígido y con un dolor agudo, asimismo, se me habían roto los lentes que utilizo para la computadora y la lectura. Para completar el terrible cuadro descrito, durante el ya tortuoso momento, por mi situación física, fui interrumpida y en consecuencia, me sacó de concentración por completo. Entonces, entendemos que se repite lo comentado anteriormente: cada vez que nos enfocamos en hacer lo que el Señor quiere, llegan obstáculos.

En el brevísimo pasaje que hoy nos ocupa, encontramos uno de los consejos más sabios que he podido leer en la Biblia. Conocemos el contexto, las bodas de Caná de Galilea. En este momento particular, María, la madre de Jesús, tratando de estar atenta y colaborar con la familia de los novios, le pide a su hijo ayudar. Entonces, Jesús le recuerda que su momento es cuando el Padre lo ordene; entendiendo esto, María, la sabia madre, le pide a los sirvientes: «Haced todo lo que Él os dijere». ¡Cuánta humildad y sumisión de la persona que humanamente le podía dar una orden a su hijo! Pero lo más interesante de ella es su sabiduría al recordar el propósito eterno que traía su hijo, el cual se sometía completamente a Dios.

Dentro de todas las cosas que el Señor dijo que hiciéramos en una lista interminable de mandamientos, Jesús dijo que fuéramos por las naciones, por todas partes haciendo discípulos de Él, compartiendo las buenas nuevas, edificándolos y preparándolos para ser también testigos de Él. Tratando de cumplir ese «lo que Él os dijere», se nos van a atravesar todas las piedras posibles por delante para impedirlo, para desconcentrarnos y sobre todo para perturbar nuestra paz y gozo de cumplir la voluntad de Dios.

No podría yo mencionar todo lo que ocurre, pero si has tratado de hacer lo que el Señor te llamó a hacer, lo irás viendo en tu camino. No es pretensión del enemigo de las almas darte tregua en ese cumplir lo que Jesús pide. ¿Por qué? Porque se trata de entrar en el terreno enemigo y rescatar de allí a aquellos que no conocen al Eterno.

Cuando eso sucede, y va a suceder en todos los ámbitos, debemos recordar el sabio consejo de María, la madre de Jesús: «Haced todo lo que os dijere». Él es el jefe, es el que sabe, es quien tiene la agenda de Dios, obedécele a Él.

¿Qué más ha dicho Jesús que hagamos, y debemos recordar y obedecer? Siempre es bueno recordar el consejo más sabio de la más sabia madre en la Biblia: pedir al Señor que tome el control de todo lo que se mueve contrario y reenfocarte en Dios, en quien has confiado, en quien hemos confiado y a quien servimos.

«¿Quién podrá entender sus propios errores?
Líbrame de los que me son ocultos».
Salmos 19:12

DÍA 101:
SOY UNA VENTANA ABIERTA ANTE DIOS

Área pública, área ciega, área oculta, área desconocida ¿Estás familiarizado con esos cuatro títulos? ¿Has escuchado alguna vez sobre las ventanas de Johari? Es posible que sí, es posible que no. Nos podemos sorprender cuando llegamos a conocer un poco los descubrimientos que hicieron dos profesionales de la Psicología Cognitiva acerca de nuestro interior y cómo este modelo de análisis ilustra el proceso de la comunicación y examina cómo funciona la dinámica de las relaciones interpersonales.

Todos saben que tú eres simpático, que te encanta estar en grupos, que hablar es tu pasatiempo favorito. Tú lo sabes, otros lo saben. Esa es tu área pública, lo que tú sabes de ti y los demás también conocen. Pero a veces somos ciegos respecto a cómo nos manejamos en algunos aspectos y no nos damos cuenta de que tenemos ciertas actitudes, destrezas, debilidades, que son visibles para otros. Esa es nuestra área ciega, es aquello que yo no conozco de mí mismo, pero que otros sí saben.

Entendiendo esto, tenemos también, una tercera ventana oculta o área oculta. Te darás cuenta que muchas veces ocultamos algo a los demás: un sentimiento, una manera de pensar, unas actitudes y unos deseos guardados allá en nuestro interior y que no nos atrevemos a sacar a flote. Solo tú lo sabes, pero los demás no, no se lo cuentas a nadie. Este es uno de los motivos por los cuales suceden muchas cosas inesperadas en la sociedad, porque estamos ciegos ante cómo piensa y actúa una persona, está oculto.

Finalmente, de las ventanas de Johari, la más compleja para mí, es el área desconocida. Ni yo lo sé, ni las demás personas lo saben sobre mí. ¿Es posible? ¿Cuán difícil es manejar todo esto? ¿Para qué sirve? El mundo podrá tomarlo y ha servido como una gran herramienta para mejorar las relaciones, la comunicación, el mundo empresarial. Pero desde mi punto de vista, con mucho respeto, creo que antes que Joseph Luft y Harrington Ingham (JOHARI) descubrieran esto, hacía años de años que la Biblia había tratado el asunto. Cuántas historias encontramos en las Escrituras que nos hablan de lo que sabemos de nosotros, lo que otros sí conocen, lo que otros no ven y lo que me es oculto a mí acerca de mí mismo. Lo que sí es cierto y es lo que más me apasiona de este asunto, es que Dios conoce todo, y ese hecho cabe en la última ventana: la desconocida. Nadie sabe cosas sobre mí, ni yo, pero Dios sí lo conoce todo. Él es capaz de escudriñar todas las ventanas de nuestro interior, penetrar allí, abrir las ventanas o cerrarlas, limpiarlas y repararlas para siempre.

El salmista dijo: «¿Quién podrá entender sus propios errores? Líbrame de los que me son ocultos». ¿Hay algo que Dios no sepa de mí? ¿Mis emociones le son conocidas? Claro que sí ¿Aquello me hiere en lo más profundo? ¿Lo que está oculto allá dentro que nunca he dicho a nadie? ¿Lo que no puedo descubrir de mí mismo por lo tanto no sé cómo arreglar una conducta porque es mi ventana ciega? Por supuesto, el Señor sabe cuándo me molesto o me siento bien. Todas esas ventanas son penetradas por Dios y su amor, su lupa, su escoba para limpiar y su hisopo con bálsamo para curar. Todo esto va a mejorar mis relaciones con el mismo Señor y con los demás. Cuando descubro lo que me es oculto, entonces puedo decirle a Dios: «Líbrame de mis propios errores», y es bueno decirlo en este día.

«Jesús le dijo: "El que pone la mano en el arado y luego mira atrás no es apto para el reino de Dios"».

Lucas 9:62 (NVT)

DÍA 102: NECESITANDO ANTEOJERAS PARA SEGUIR DE FRENTE

Cuando me recibió el jefe ese día, tenía una noticia para mí: «Señorita, ya que para usted es más importando irse a un viaje misionero a servir con la Iglesia, es preferible dejarla libre. Si eso es lo que está en su corazón, dedíquese a eso». Unos pocos años atrás, me habían dado una noticia similar: «Si usted va a servir a Dios, sirva a Dios. Si usted va a buscar un empleo, pues, préstele atención a eso y no puede salir tanto de campamentos, retiros, asambleas y viajes misioneros». Además, para completar todo esto, también me dijeron: «No creo que, con tantas salidas, viajes, cursos, talleres, conferencias y campamentos de niños y jóvenes, usted pueda mantener un trabajo. Está libre para dedicarse a lo que le gusta hacer».

Mis palabras y compromiso personal cuando terminé mis estudios teológicos para servir mejor al Señor fueron: «Me gastaré como una vela, pero sirviéndote a ti, Señor». Tú que has puesto tu mano en el arado, no mires hacia atrás, dice la Biblia. Muchas cosas en nuestras vidas, para aquellas personas que hemos sentido y experimentado un llamado especial de Dios, pueden parecer sin sentido. Cuando hemos recibido de Dios una asignación específica, eso se convierte en algo ineludible, intransferible, impostergable.

Tú dirás: «Pero es que yo no tengo ese llamado a la obra de Dios». No se trata de mí, se trata de nosotros, de ti y de mí. Es cierto, puede que el tipo de llamado tuyo no sea el mismo mío, pero cada uno de nosotros ha sido escogido por el Señor para un fin, para un propósito específico. Es posible que tengamos años de años dando vueltas a la redonda, paseando por la vida, girando en el desierto sin encontrar nuestro rumbo. Y vamos por acá y seguimos por allí, tratando de llenar un vacío que solo tiene una forma de ser llenado: cumplir el propósito de Dios. No sé cuántos tumbos hemos dado tú y yo, lo cierto es que aquello que nos apasiona, lo que nos hace vibrar, respirar y vivir; aquello que me inspira, que me energiza, lo que me hace sentir en mis aguas y donde me siento ser la persona que Dios me destinó a ser, allí es donde debo estar. No importa si el camino para llegar fue largo, lo importante es llegar.

Allí estás, posiblemente lleno de estrés negativo, lánguido, cabizbajo, arrastrando los pies, sin pasión, sin anhelos profundos cumplidos o quizá solo luchando por un salario, pero sientes y ves cómo se te esfuma la vida sin lograr ser lo que anhelas y para lo que fuiste destinado. Que no cunda el pánico. Aquel que comenzó la buena obra en ti, la perfeccionará hasta el día de Jesucristo. Las cosas no están perdidas, hay una luz en el camino, no al final, sino en el mismo camino. Solo hay que retomar el rumbo de la mano de Dios y seguir adelante. Dios va con nosotros poniéndonos las anteojeras que necesitamos para no mirar a los lados, sino siempre al frente.

«Hijos míos, por quienes de nuevo sufro dolores de parto hasta que Cristo sea formado en vosotros».

Gálatas 4:19

DÍA 103: DOLORES DE PARTO

Aquel día tomé una decisión que cambiaría para siempre los sueños que había albergado en mi corazón: tener cinco hijos. No era posible continuar con aquella situación como joven soltera. Mi útero, que no había parido hijos, parió miomas. Era soltera y mis convicciones como cristiana no me permitían obedecer lo que me sugerían respecto a tener un hijo sin casarme. Entonces la posibilidad de ser madre se esfumó para siempre. Cuando desperté de aquella gran cirugía, tuve una pesadilla horrible. Allí tocaba unas manitas pequeñitas y tiernas, las de un bebé, y en medio del dolor por la doble herida, comencé a gemir; un gemido que solo lo escuchamos el Señor y yo. Sabía que nunca sentiría los dolores de parto que experimentan las mujeres al dar a luz. Parece una historia tétrica y para cualquier mujer que lleva la semilla de la maternidad en ella, puede serlo, pero los dolores más horribles y dulces a la vez que he visto vivir, han sido esos, los de parto.

Hay un «sin embargo» en esta historia real y lo me que ha traído la vida a pesar de eso.

A donde quiera que fuese, las personas eran muy amables cuando me preguntaban si tenía hijos y cuando les respondía que no, siempre me decían: «Pero Dios le ha dado muchos hijos espirituales y muchos sobrinos». No sé si era por compasión o porque a cualquiera se le hace un nudo en la garganta cuando encuentra respuestas como la mía, pero eran amables, siempre lo eran.

Pablo dice en Gálatas 4:19 que él había sufrido dolores de parto por esos hermanos, esos hijos en la fe. Jamás podré imaginarme a un hombre con dolores de parto, pero lo que Pablo experimentaba por sus hijos espirituales, es semejante a los dolores de una mujer en estado de parto: gritos que llenan todo el espacio, jadeo, desesperación y como dice el texto bíblico, angustia de primeriza. ¿Qué hace que uno sienta o tenga dolores como de parto por alguien? El mismo texto lo responde: el deseo de que Cristo sea parte cada día en los hijos que hemos engendrado/concebido en la fe. También por aquellos que, aunque no los trajimos nosotros a la fe, el Señor nos los puso en nuestro camino para mostrarles su amor y hacer la labor de madres con ellos. El ver a los hijos cojeando en la fe, indecisos, llenos de miedos, sin compromiso con el Señor, provoca dolores de parto.

Lo más hermoso es que podemos decir como dijo Pablo: «Hijos míos», significando esto que no importa cuán difícil sea la «crianza», ellos son nuestros hijos y haremos lo que sea necesario, con tal de que ellos vean el valor que tienen para nosotras, las madres en la fe, las madres adoptivas, las madres en amor.

Es cierto, pude no haber parido biológicamente, pero qué gran privilegio es ver que mis hijos andan en la verdad y sirven al Señor, que son responsables en la obra de Dios, que tienen valores y que sirven con abnegación y entrega. Mis hijos andan en la verdad. Glorifico a Dios por ello. No importa si no me dio el privilegio de parir, los que Él puso en mis manos me llenan de gozo, independientemente de cuán fuertes hayan sido o sean mis dolorcs dc parto.

«No seas vencido de lo malo, sino vence con el bien el mal».
Romanos 12:21

DÍA 104: HACIENDO UNA DIFERENCIA

Estaba tomando una capacitación en el extremo sur del mundo, existía una diferencia de dieciséis horas en relación a mi país. Era un curso tan intenso que cuando nos llevaron a ese inmenso y hermoso mar Pacífico en un tour de un día, mi instinto caribeño enseguida salió a flote: quería lanzarme al mar y nadar. Era un mar precioso, a lo lejos había un pequeño bracito de mar, se veía celestial y al otro lado estaba una pequeña isla. Quise ir allá nadando y así lo hice porque me encantaba la natación desde pequeña. Me lancé al agua, estaba feliz. Lo que no sabía era que en ese bracito insignificante había una contracorriente, sin embargo, llegué hasta la islita. Descansé un poco y entonces tenía que devolverme a mi punto de partida de nuevo. Nunca había pasado tanta lucha nadando contra la corriente, llegué extenuada, pero llegué. La experiencia fue inolvidable

¿Qué tan difícil es nadar en contra de la corriente? Mucho. Hace unos tres años quizá, escuchamos de la boca de una mujer honorable, la siguiente frase: «Yo hace tiempo que aprendí que los demás lo tratan a uno no como uno es, sino como ellos son». Esa frase desarmó a aquel hombre cruel con cara de ángel, aplastándolo por completo y así lo hizo en ese entonces. Hoy la historia se ha volteado. Esa frase ha estado repercutiendo en mi cabeza desde ese entonces.

¿Quieres experimentar el saborcito dulce de la venganza? ¿Te hicieron algo que ha afectado tu trayectoria? ¿Tienes cierta influencia sobre otros para perjudicar a esas personas que te han hecho vivir una mala experiencia? La oportunidad está en tus manos, pero piénsalo dos veces. ¿Eso qué dice sobre ti? Hay muchas maneras de devolver el trato, pero hay una frase muy significativa que deseo reafirmes en tu mente: «Tratamos a los demás como nosotros somos, no como ellos son». O sea, con mi trato a alguien, no hablo de ese alguien, hablo de mí.

La Escritura dice claramente que nosotros no debemos «ser vencidos de lo malo, sino vencer con el bien, el mal». El apóstol escribe esto en un contexto de consejos sabios en el libro de Romanos. La gente iba con la corriente, pagaba como los trataban y Pablo, siguiendo las enseñanzas de Jesús, nos exhorta a hacer el bien a los que nos han hecho el mal, a nadar contracorriente. Eso tiene que ver con vivir una vida diferente, con hacer una diferencia en la sociedad donde nos encontramos. No puedo provocar una diferencia en la sociedad si estoy pagando a otros con el mal que me pagan o si me aprovecho de mi espacio, de mi puesto, de mi influencia para aplastar a los demás o para dejarme vencer por el mal. Cuando hago el bien es cuando respondo de manera diferente, es ir en la corriente contraria y, eso, es muy complicado. Es mucho más fácil nadar con la corriente, pero toda la Biblia se trata de esto, de hacer una diferencia y solo el Señor nos puede ayudar a hacerlo, a vencer el mal con el bien. Hoy es un día para ello, te ánimo.

«Esforzaos y cobrad ánimo; no temáis, ni tengáis miedo de ellos, porque Jehová tu Dios es el que va contigo; no te dejará, ni te desamparará».
Deuteronomio 31:6-8

DÍA 105: SI PIERDES LA CONEXIÓN, DIOS TIENE SUS CONTACTOS ACTIVADOS

En una ocasión, el vuelo nos dejó en Miami y nos enviaron a un lindo hotel con servicio de transporte incluido. En este punto, todo estaba bien, se pudo descansar a gusto y el mismo hotel se encargaba de despertarnos para cumplir el itinerario. En otro evento, tomé un vuelo que me dejó en Bogotá, Colombia, y cuando me entregaron el *boucher* y vi el nombre del hotel, me dije: «¡Qué cosa será esa con ese nombre tan raro!». Lo que no sabía era que trataba de un hotel cinco estrellas y exclusivo en la gran Bogotá. Toda la experiencia fue increíble. En una tercera ocasión, viajando desde La Habana, el vuelo fue suspendido y al llegar al aeropuerto, ignoraba que me enviarían a otro hotel cinco estrellas. Todos estos buenos servicios y tratos sucedían por el problema de conexión entre un vuelo y otro. Las aerolíneas siempre presentan inconvenientes.

Muchas de ellas sobrevenden pasajes y otras tienen problemas con los tiempos de conexión o vuelos, o por mal tiempo y dejan varados a sus pasajeros. En cualquiera de los casos, la aerolínea, tiene el deber de ubicarnos bien, sobre todo si el próximo vuelo sale al día siguiente o con muchas horas de diferencia, pero ¿qué tal si algo no sale como debe ser? ¿Qué pasa si el viajero no es llevado a un lugar cómodo a descansar y comer? Peor, ¿qué tal si el transeúnte no tiene dinero para resolver? Todas estas interrogantes pueden tener una sola respuesta: confiar en el control de Dios y eso depende de nuestra actitud.

No hay cosa más angustiante que sentirse o saberse perdido. Lo interesante de esto es que la Biblia dice: «Porque Jehová, tu Dios, es el que va contigo, no te dejará, ni te desamparará». La angustia no es la solución, el estresarse lo que va a traer es dolor y más angustia. El estar quietos y esperar en la respuesta de Dios, no parece ser fácil, pero es la actitud. Puede ser que no puedas hacer nada estando en una situación como las mencionadas arriba, pero el Señor tiene a alguien que puede actuar, pondrá personas que ni tú ni yo nos imaginamos que extenderían la mano para ayudarnos y sacarnos de ese aprieto. Actitud receptiva y confiada hará una gran diferencia y también moverá la mano de Dios a respondernos.

Una lección que podemos aprender es que mientras esperamos a que se resuelva la situación y para que se solucione, tenemos que esforzarnos y cobrar ánimo. Adicional a esto, no hay que temer ni tener miedo (parece lo mismo, pero la Escritura los separa). No podemos desanimarnos mientras estamos en la ruta del problema, porque Dios lo va a solucionar.

Otra cosa que debemos hacer es descansar en Dios. Mientras descanso en Él, puedo orar, meditar, reposar, darle gracias porque está en control. Parece haber una contradicción entre «esforzaos, cobrad ánimo y descansad», pero no la hay, se complementan. Me esfuerzo, tomo ánimo y entonces descanso. Cuando he hecho lo humanamente posible, entonces, reposo en Dios y descanso ¿Por qué? Porque el Señor es quien va conmigo y no me va dejar avergonzado. A veces tocará hotel, a veces alguien nos hospedará y, en caso contrario, puede que nos toque el piso de un aeropuerto, pero, aun así, Dios sigue siendo bueno; lo que importa es cómo lo enfrentemos.

«Hizo salir a su pueblo como ovejas, y los llevó por el desierto como un rebaño. Los guio con seguridad, de modo que no tuvieran temor; y el mar cubrió a sus enemigos».

Salmos 78:52-53

DÍA 106:
EL DESIERTO PULE EL CARÁCTER, PERO EN COMPAÑÍA

Hay muchos tipos de desiertos, pero desiertos al fin. Un desierto es un lugar donde no hay agua ni comida y donde solo existe arena y, en ciertos casos, escorpiones, serpientes y otras alimañas. ¿Cómo se sostienen? No lo sabemos. Arena, sol, calor, sed, resequedad y carencia.

Un desierto puede representar en nuestras vidas una variedad de circunstancias. Para nosotros, los creyentes, el desierto no es un lugar geográfico. Puede representar luchas, tentaciones o pruebas. Realmente puede ser una escuela. Cuando Dios nos lleva al desierto, siempre querrá trabajar en nuestro carácter, en nuestro ser interno. No es por casualidad que entramos en esta condición, pero si no pasamos la prueba, ha sido en vano el trayecto.

La primera persona en quien se me ocurre pensar es en Moisés. Las circunstancias que lo llevaron al desierto la primera vez tenían que ver con la acción de matar a un egipcio. Su corazón no había tenido un encuentro con Dios y fue en ese momento donde el Yo Soy se le reveló. Su conversión, por así decirlo, fue en esa primera visita al desierto. Dios lo trató, lo sanó, perdonó sus culpas y Moisés salió listo para emprender la gran hazaña a la cual Dios lo llamaba. La segunda vez, por cuarenta años más, el trabajo fue diferente. Ahora iba a trabajar con un pueblo rebelde y quejumbroso. Lo que el Señor le había enseñado los primeros cuarenta años, le serviría para guiar al pueblo de Dios durante esa travesía. En esta ocasión, Moisés vio todas las manifestaciones divinas, desde ser enseñado a ser un líder por medio de su suegro, hasta dejar el liderazgo en las manos más diestras que habían sido también entrenadas en el desierto, su sucesor, Josué.

Pensemos en Jesús. Fue al desierto a estar a solas con Dios mientras se preparaba para iniciar su ministerio público. Allí sufrió tentaciones, hambre y cuestionamientos de parte del enemigo. Jesús pudo vencer cada tentación y trago amargo que se le presentó, pero en la presencia del Padre. Cada uno que ha atravesado el desierto espiritualmente hablando, sabe que se debe aprovechar ese tiempo para estar a solas con DIOS, recibir sus enseñanzas y fortalecerse en Él para poder salir a hacerle frente a todo lo que vendrá. El Señor te suplirá lo que necesitas en el desierto, a saber, dirección, agua, comida, descanso, sombra, salud divina y, sobre todo, la compañía de nuestro Padre Dios. No te desesperes, espera llegar al oasis de Dios; allí está, en algún lugar del caluroso desierto. El mismo Dios te llevará allí, como un pastor a sus ovejas.

«Casi me han echado por tierra, pero no he dejado tus mandamientos».
Salmos 119:87

DÍA 107: SU PALABRA, ANTÍDOTO PERFECTO

Los dolores arrecian en la noche, las muelas duelen en la noche. Cuando el cuerpo está en reposo, se sienten las arritmias del corazón, las ciáticas aparecen en la noche, mientras estamos en cama. El tinnitus aparece también cuando todo está en silencio. Y los que tenemos problemas con nuestros tímpanos, sabemos que esos huesecillos chocan mientras solo te puedes escuchar a ti mismo.

Tal vez coincidas conmigo, pero desvelarse en el momento en que el sueño debe ser dulce, es algo que no es halagador para nadie. Nunca he sido de dormir mucho. Me acostumbré a madrugar para estudiar desde niña; cuando todos dormían, mi sobrina casi hermana y yo, estábamos en un lugar específico de la casa de mi hermana, leyendo nuestras asignaciones de la escuela y haciendo tareas. Luego, a causa de esto, no he sido muy dada a dormir largas horas. Pero a cierta edad, no hay nada más reparador que una larga jornada de sueños.

Una disciplina que es interesante practicar cuando el sueño se nos va, es sacarle provecho a ese momento, meditar en la cama o buscar la Biblia. A veces por la luz que molesta los ojos, es preferible meditar tranquilo y hablar con Dios. Cuando todo te falla queriendo dormir y no puedas, es bueno acordarse del nombre de nuestro Dios como dice en el salmo 119: 55. Esa meditación guiada de aquello que hemos atesorado de las Escrituras es un antídoto perfecto ante cualquier mal pensamiento o molestia que nos pudo haber despertado fuera de hora. Los mejores escritos, los más hermosos himnos o cantos a Dios, las partes más interesantes de un libro, han salido en una noche de desvelo cuando el sueño no nos llega. La Palabra, siempre la Palabra, será la compañía placentera en nuestras meditaciones nocturnas.

El primer texto citado, del mismo salmo 119, dice: «Casi me han echado por tierra…». Cuando llegan esos pensamientos en la madrugada, en el desvelo de una oscura noche, cuando haces un recorrido mental de cómo ha sido el trayecto de tu vida y te das cuenta de que casi te han echado por tierra, que casi te han borrado, no hay mejor remedio que meditar en los mandamientos del Señor, en su Palabra, y ver si hemos sido fieles a los estatutos del Padre. Siempre traerá solaz saber que no importa lo que pueda suceder, si se enfrió todo, si se fueron muchos o si estás en el olvido, el haber estado en compañía y presencia de Dios, no tiene comparación. El Señor escucha las quejas de nuestra alma y nos dice: «Bástate mi gracia, no te dejaré ni te desampararé». Podremos decir, como también dice el salmista en otra parte de este salmo: «Tú eres mi porción». Entra en el secreto de Dios durante las vigilias de la noche, cuando no puedes conciliar el sueño. En el secreto de Dios conocerás más de Él y lo amarás mucho más.

«Que los dichos de mi boca y la meditación de mi corazón, sean gratos delante de ti, oh Señor».
Salmos 19:14

DÍA 108: LA CONSCIENCIA DE LA SANTIDAD DE DIOS

En diciembre 2021 el Señor me reservó unos días hermosos de solaz, de tranquilidad mental y de muestras de su ternura y cuidado. Los necesitaba. No dejé de trabajar hasta la finalización de período escolar y del año fiscal, pero eso no fue obstáculo para que Dios me permitiera disfrutar de su presencia y del amor mostrado a través de personitas especiales.

Mientras recorría el país en compañía de un ser especial, una adopción de corazón, pude ser cada día más consciente de la santidad y la majestuosidad de mi Padre celestial. Cada trabajo realizado en diferentes lugares y luego cada día de turismo interno y vacaciones de temporada, me ayudaron a contemplar que mi Dios es santo y Él quiere que así mismo sea nuestra vida delante de su presencia.

Puedes disfrutar de un paisaje, una persona, una comida, un camino, el inmenso mar, la increíble belleza de los paisajes dominicanos en todo su esplendor y, a la vez, disfrutar de la voz dulce y fresca de nuestro Dios. Podríamos estar en el lugar donde la gente quisiera o pudiera actuar a su antojo, donde otros pueden perder los estribos, pero aún allí, puedes vivir con la consciencia de que Dios está presente y actuar de acuerdo a su santidad y a lo que Él demanda de ti.

Esta mañana, escuchando un instrumental sobre el himno *Santo, Santo, Santo, Señor Omnipotente*, recordé esos días y me hice más consciente de que nuestro Dios es santo, inmensamente santo. Esta reflexión tiene como contexto una semana un poco cargada emocionalmente, la tentación de disminuir esa consciencia de quién es Dios y deseos de responder a voces inescrupulosas y comentarios malintencionados. Podemos decir que tenemos el derecho de hacerlo, y ciertamente, lo tenemos. Pero la realidad es que solo al pensar quién es Dios y el anhelo de no manchar el nombre de quien nos salvó y nos limpió, es suficiente para sufrir el agravio y dejarle todo a Él.

Deseo y trato de buscar «que los dichos de mi boca y la meditación de mi corazón sean gratos delante del Señor», Salmo 19:14. Una cosa es quién soy o pretendo ser en compañía y presencia de otros, pero otra cosa muy distinta es quién soy cuando estoy conmigo misma y no tengo a nadie alrededor a quién impresionar, pues estoy sola con Dios y mi conciencia. El hombre ve lo que está delante, pues nos podemos poner una careta de piedad o bondad, pero el Señor ve el corazón. A Él no hay manera de impresionarlo, nos ve tal y como somos. Solo que cuando hemos sido lavados por Jesús y su Palabra, el Padre nos ve a través de Cristo. Él ha dicho: «Sed santos porque yo soy santo», 1 Pedro 1:16. Tanto los dichos de nuestra boca como la meditación de nuestro corazón tienen que reflejar la consciencia que tenemos de la santidad de Dios.

«Para que, por dos cosas inmutables, en las cuales es imposible que Dios mienta, tengamos un fortísimo consuelo los que hemos acudido para asirnos de la esperanza puesta delante de nosotros».
Hebreos 6:18

DÍA 109: INMUTABLE, NO UN CAMALEÓN

«Me prometió que me amaría y cuidaría para siempre, que seríamos el uno para el otro cuidándonos, acompañándonos, estando ahí en la pobreza y en la abundancia; en la salud y en la enfermedad. Hasta que la muerte nos separara». ¡Qué promesas! ¡Qué pactos! Cualquiera todavía deja rodar unas cristalinas lágrimas por las mejillas al escuchar estas palabras en un altar. Es posible que usted y yo hayamos pronunciado esas promesas. Y en verdad, esas palabras conmueven las entrañas cuando nos las pronuncian o cuando las pronunciamos nosotros, pero ¿será eso cierto? ¿Hasta qué punto se cumplirán esas palabras en la pareja que está prometiéndolas? No lo sabemos. Nadie puede ver el futuro y todo lo que traerá. Las palabras podrán ser eternas o desvanecerse ante la primera prueba de fuego, eso depende de quién las prometa. El camaleón cambia el color de su piel de acuerdo al hábitat del momento. ¿Será nuestro Dios así?

Hay una gran diferencia entre lo prometido por Dios y lo que nosotros aseguramos que haremos. La diferencia radica en quién promete. En el libro de Hebreos, el autor hace un recuerdo de aquella promesa hecha por Dios a Abraham cuando le aseguró que su descendencia sería como las arenas del mar y que en él serían benditas todas las familias dc la ticrra. Hay dos partes en este versículo que nos dan la seguridad de que lo necesitamos para vivir y seguir adelante asidos de la mano de Dios cuando todo parece derrumbarse a nuestro alrededor. ¿Por qué? Porque lamentablemente el hombre falla, miente, promete y no cumple o cambia de color como el camaleón, de acuerdo a lo que le convenga. Veamos:

Hay dos cosas en las que es imposible que Dios mienta. Realmente, Dios no miente de ninguna forma. Pero el autor, para asegurar mucho más lo que decía, subraya eso. ¿Cuáles dos cosas?

La palabra de su promesa. En los versos anteriores lo vemos claro. Dios estaba haciéndole una promesa a Abraham, y eso era suficiente para que él creyera. Era Dios quien estaba hablando.

El juramento que Dios interpuso para aquella promesa. Dios juró por sí mismo. No tenía a nadie más grande que Él por quien jurar. Lo hizo por sí mismo.

Esta combinación, este binomio nos da el consuelo y la seguridad de que el agarrarnos de Dios nos sostiene, es un ancla firme e inamovible. Hay ocasiones en que creemos que es lo mismo confiar en las personas que confiar en Dios. ¡No! Las personas nos fallarán, nos dejarán colgados esperando el cumplimiento de algo prometido, el cariño a veces se desvanece, lo que parecía ser seguro en una relación se desploma. Pero no así con nuestro Dios, siempre estará ahí. Nuestro consuelo viene de la certeza de que es fiel, según este versículo. Nuestras dudas, temores, sinsabores desaparecen, cuando sabemos en quién hemos confiado. Su palabra es inmutable; sus juramentos firmes, nuestra fe está anclada. Cristo, el cumplimiento de la Palaba dada por Dios, es nuestro garante. ¡Aleluya!

«No a nosotros, oh Jehová, no a nosotros, sino a tu nombre da gloria, por tu misericordia, por tu verdad».

Salmos 115:1

DÍA 110:
¿SU GLORIA O LA MÍA?

«Aquella barca se miró y se dijo: "Perfecto, mira cómo me aplauden, todos me miran y aunque lo que transporto son peces que no huelen tan bien, hoy me honran y me aplauden. Nunca había conocido a la persona que llevo montada dentro de mí, lo que sé es que me aplauden ¡Qué bien me siento!"

Unos meses después, también escuché al pollino, al hijo de asna, relinchando de alegría, pavoneándose porque todos le aplaudían y hasta batían ramas y tendían mantos para que él pasara. Se dijo: "Me siento estupendo, se me sale el pecho porque hoy todos me aplauden, de pertenecer a una familia tan humilde y pobre, hoy me gusta que todos me alaben"».

Cualquiera de nosotros, cuando nos alaban, pudiera pensar: *«¡Oh! No puedo esconder mi humilde orgullo, me siento tan honrado y digno cuando me aplauden y todos ven mi gloria y mi éxito. En verdad lo merezco, me lo he ganado».*

¡Desafortunados pensamientos que a veces se vuelven dichos! Al hombre le gustan los aplausos, menciones, honras, las placas de reconocimiento y los certificados de honor. Nadie puede escapar del hecho de sentir que se le sale el pecho cuando lo mencionan como una estrella. Lo vivió Nabucodonosor, lo vivió Saúl, lo vivieron muchos.

Cuando pienso en la barca que transportaba a Jesús por el Mar de Galilea mientras llevaba salvación, salud y bienestar a muchos, imagino (si la barca tuviera alma), que en algún momento tuvo la tentación de pensar que ella era la gloria. Pero ella transportaba a aquel que es la gloria de Israel. Si el pollino que transportó a Jesús mientras entraba triunfal y glorioso a Jerusalén en aquella Pascua también pudiera hablar, es probable que pensara que los aplausos, las palmas, los mantos, eran para él. Posiblemente quería relinchar de felicidad cuando escuchaba las alabanzas. Es en estas circunstancias cuando debemos escuchar al Señor decirnos: «Hijo mío, siervo mío, tú eres solo el transporte de la gloria de Dios. La gloria no es para ti, la gloria es para mí. Quédate con la fragancia de servirme, pero las flores son para mí». Algo así imagino escuchar al Señor decirnos y recordarnos.

Amado, nosotros somos el transporte para llevar la gloria de Dios a los hombres. Somos la barca, somos el burrito, somos la cruz, somos el pesebre. En nosotros va montado el Rey de Reyes, el Señor de Señores. Es Cristo en nosotros, la esperanza de gloria. No lo somos nosotros, es Cristo. Cuando escuches a los hombres usar expresiones que tú sabes no te corresponden a ti, sacúdete y recuérdales que eres solo quien transporta al que es merecedor y digno de toda alabanza, honra y majestad. Mientras nos dejemos usar por Él y seamos el mejor medio por el cual Dios se deje glorificar y los hombres puedan ver en nosotros la imagen del glorioso Rey en todo su esplendor, todo estará encaminado. Humildemente, debemos reconocer que no es para nosotros la gloria, sino para Jehová, al nombre de Cristo. Solo por gracia y misericordia.

«Lleven los unos las cargas de los otros,
y cumplan así la ley de Cristo...».
Gálatas 6:2

DÍA 111: LOS UNOS A LOS OTROS, NO LOS UNOS CONTRA LOS OTROS

La Confluencia es un hermoso lugar en República Dominicana donde dos ríos se unen y se convierten en uno solo. Creo que cualquier turista, interno o extranjero que viaja por Jarabacoa, llega allí y disfruta de esa frescura. Confluyen las aguas frías y cálidas de esos dos ríos y de ahí bajan regando la zona donde el esplendor del lugar deja a todos satisfechos. Esto me hace pensar en nosotros como parte del cuerpo de Cristo. Un hombre muy usado por Dios, que forma parte del liderazgo mundial ha escrito mucho sobre el valor que debemos dar a los demás. Mucha gente no sabe que todos sus principios y leyes salieron precisamente de las Escrituras. ¿Qué tiene el Señor para decirnos cuando nosotros queremos ignorar que somos parte de un cuerpo y que en este cuerpo nadie es extraño porque todos nos pertenecemos los unos a los otros? He encontrado en la Biblia, en el Nuevo Testamento, 59 menciones de esta combinación «unos a otros».

¿Sabías que una de las necesidades básicas del niño y, por ende, del ser humano es la pertenencia? No hay espacio más adecuado para suplir esta necesidad básica que la familia. Dios nos puso en ella para que podemos llenarnos, pero esta necesidad es suplida de forma incompleta cuando no se dan las condiciones ideales y no se encuentra la satisfacción porque cada miembro anda por su propia cuenta sin tomar a los demás en consideración.

Dios ha provisto un medio, un organismo hermoso que se llama familia espiritual, iglesia y cuerpo de Cristo. Nadie puede sentirse extraño en este cuerpo, nadie debería sentirse alienado compartiendo con uno de sus hermanos, nadie debería sentirse o saberse rechazado. La sangre que nos une es la de Cristo, el Padre que nos adoptó es Dios, nuestro Padre Celestial. Por tanto, la Biblia despliega una serie de «los unos a los otros» que solamente pueden darse dentro de este cuerpo.

Pudiéramos mencionar todas las áreas en las que la Escritura nos manda a cuidarnos, pero nos faltaría tiempo y espacio. Dice un verso: «Que el Señor nos haga abundar y crecer en amor los unos a los otros», 1 Tesalonicenses 3:12. Así, también: «Lleven los unos las cargas de los otros, y cumplan así la ley de Cristo», Gálatas 6:2.

Todo lo contenido en la fórmula «los unos a los otros» está basado en el amor, el cuidado, el perdón, la sinceridad, en el no mentirse, protegerse, exhortarse, ayudarse, no engañarse, ni guardarse nada bajo la manga. La idea de mucha gente de «no te metas en mi vida, que no te he llamado», no funciona aquí según lo establecido por el Señor. Si nos basamos en el amor, la ley de Jesús, no me sentiré extraña cuando alguien tenga cuidado de mí, basado en el respeto y el amor.

Amado, cuando sientas que alguien te está mimando, cuidando, protegiendo de la manera de estas verdades, recuerda, es el Señor que impulsa a ello. Somos como la confluencia, recibimos el amor de Dios y de ahí lo distribuimos a todo el que vamos encontrando en nuestro camino, con aguas frescas, cristalinas y sanadoras. Sé un río, no un estanque. Fluye y deja fluir.

«El que no quiera trabajar, que tampoco coma».
2 Tesalonicenses 3:10

DÍA 112:
LA HONRA DEL TRABAJO

Un día cualquicra, con unos familiares, fuimos a visitar el mar y a pedirle el favor de dejarnos recibir un poco de yodo y agua salada para los achaques. Cuando salimos del agua a sentarnos y comer, la contaminación del ambiente no se hizo esperar. El humo por todos lados era asfixiante. Por doquier pasaban los muchachos pareciendo fumarolas, volcanes humeantes sin parar. Igual cuando salimos a las calles o estábamos sentados en el balcón, al ir a nuestras labores, la escena era la misma. Humo, olores diversos, nicotina y más humo.

Me pregunto de dónde aparece tanto dinero para adquirir esos productos si conocemos que las características principales de los consumidores son la flojera y la vagancia. El tiempo especial y recio de la pandemia nos trajo como resultado un sin número de personas dedicadas a hacer nada. La pereza que caracterizó a muchos en ese tiempo de encierro, se multiplicó. La mayoría no supo aprovechar el tiempo para aprender nuevas cosas, para sembrar en casa, para perfeccionarse en un oficio, aunque fuera de manera virtual. La flojera siguió siendo flojera; la necedad se empeoró.

El apóstol Pablo hace referencia a un principio increíble que quiso instaurar en los primeros años de la Iglesia: el que no quiera trabajar, que tampoco coma. Muchos piensan que la comunidad de bienes de la naciente iglesia se obtenía de manera fácil, pero no era así. Todos estaban trabajando, pero otros vagaban, observando y consumiendo. Pablo quiso evitar eso porque no es digno de una comunidad de bien.

Este principio lo estableció, también, con firmeza Lenin. Se desprende de lo enseñado por Pablo, aunque Lenin no lo dijera directamente, sus dos principios eran: «El que no trabaja, no come», «una cantidad igual de productos por un importe igual del trabajo», y esto sería casi insoportable en nuestra decadente sociedad de hoy. Nos tildarían de inhumanos y crueles si pronunciamos algo así entre las familias o los hermanos.

Siempre el trabajo ha dignificado al hombre. Jesús dijo: «Mi Padre hasta ahora trabaja y yo trabajo». No importa cuál sea nuestra situación, de alguna u otra forma debemos trabajar. Algunos con el intelecto, inventando, creando; otros, con las manos. Es de acuerdo a los dones, talentos y habilidades repartidos a cada cual y de acuerdo a la preparación de cada uno, pero trabajar es un principio del Reino.

La maternidad o paternidad tóxicas no deben tener lugar en una buena sociedad. Es necesario enseñar a los hijos, a todos, a hacer de todo en la casa, a no depender del favor de mamá o papá, porque un día ellos saldrán a la calle a darse de frente con la realidad y solo lo que aprendieron en casa les ayudará a sobrevivir. No enseñemos a ser necios, ni a dejar caer la techumbre por flojedad y pereza.

¿Dónde servimos? ¿En qué nos desempeñamos? No importa donde estemos, incluso en la cama, en una silla de ruedas o sobre nuestras rodillas, desde allí nuestros cerebros y nuestras manos pueden ser útiles. Dios bendecirá lo poco o lo mucho que podamos hacer para ganar nuestro sustento y compartir con el necesitado. Imitemos a Jesús, quien dcsdc niño y hasta su último día en la tierra, hizo su labor.

«El que traiciona a su amigo por ganancia, verá desfallecer de hambre a sus hijos».
Job 17:5

DÍA 113: LOS AMIGOS SON PARA SIEMPRE

A mi amiga A la conocí cuando apenas era una adolescente, de eso hace más de cuarenta años. Nos queremos y respetamos como desde el principio. A mi amiga B la conocí cuando también ambas éramos adolescentes trabajando ya como maestras. Los años han pasado y la amistad es como el primer día. Luego conocí a mis amigas C, D, E y F. Cientos de situaciones, muchas pruebas, distancias, años sin vernos físicamente. Sin embargo, nuestro trato, cariño, cuidados, consejos, colaboración están intactos. Y así podría seguir enumerando casi todas las letras del alfabeto poniendo nombres ficticios a amigas y amigos reales. Hay nuevos también, nuevecitos de hace diez meses, ocho meses o un año. Los nuevos amigos son de plata, los viejos amigos son de oro.

¿Qué hace que una persona tenga amigos de larga data y que a otros no les dure ni un año? Sobre esto he meditado mucho. ¿Será que la Biblia le da algún valor a la amistad? Por supuesto que sí. Casi todas las personas conocen un solo caso de buenos amigos en la Biblia, pero hay muchos. Algunos conocen únicamente los versos en Proverbios 17:17 y 18:24. Sin embargo, hay muchos versos bíblicos que hablan de la amistad y su valor.

Una de las cosas hermosas que puede suceder entre amigos es el buen consejo. Este no siempre trae saltos y brincos de alegría. Los consejos pueden ser dolorosos al principio, pero cuando son desde el corazón, el respeto mutuo y basados en el amor de Dios, siempre serán bálsamo para el alma. A veces es lo que nos falta, un poco de bálsamo en el alma. Cuando nos aman y nos aconsejan, nuestro corazón se alegra, aunque por fuera parezca amargo.

Alguna vez en la vida, el amigo que te ama te va a herir sin intención. Pero puede suceder que esas heridas sean porque te vieron andar no muy correctamente, te llamen la atención y te hagan una reprensión (y más vale reprensión manifiesta que amor oculto), haciéndote sentir mal. Como dije anteriormente, esas heridas fieles serán mejor que besos de hipocresía. En la amistad sincera, transparente y verdadera, basada en el Señor, todo eso puede estar presente. Pero debemos ser abiertos y receptores, enseñables y agradecidos.

El último texto nos da una idea de cuán valiosa es la amistad sincera para el autor de las Escrituras. «Traicionar a un amigo por prebendas, por ganancias de cualquier tipo, es tan enjuiciable que las consecuencias son funestas: hasta los descendientes sufrirán». Con sinceridad, nunca había pensado en este texto. «No des consejos a quien no te lo pida» no es muy bíblico. Es cierto, no vamos a andar aconsejando a medio mundo sin conocerlo, pero en la amistad y en la relación de hermanos en la fe, esto es totalmente admisible, exhortar, aconsejar, dar mentoría, es bíblico, es saludable, es bueno.

Jesús es el mejor amigo y nuestra amistad con otros debe basarse en lo que Él mismo enseña sobre ello, con su ejemplo de vida. Ama a Jesús, ama a tus amigos, cuídalos, que son oro y plata.

«Y cuando estéis orando, perdonad, si tenéis algo contra alguno, para que también vuestro Padre que está en los cielos os perdone a vosotros vuestras ofensas. Porque si vosotros no perdonáis, tampoco vuestro Padre que está en los cielos os perdonará vuestras ofensas».

Marcos 11:25-26

DÍA 114: YO TE ABSUELVO. ¿ES POSIBLE?

Este año, en el evento denominado «Por su causa», uno de los exponentes trataba el tema del perdón, profundo, y me resultaba impresionante. Muchos de nosotros hemos construido por años la creencia de que, si no siento perdonar a alguien, no lo voy a hacer hasta que lo sienta. Es una excusa llena de hipocresía disfrazada. Mientras tanto, estaremos castigando a la persona haciéndola sufrir por la ofensa recibida, porque no siento el perdón. La verdad es otra. La verdad del mundo puede ser esa: esperar sentir para dar el perdón. Pero en el corazón del hombre y la mujer transformados por Dios, es una contracultura. La Escritura dice: orando, perdonad. Me he preguntado siempre cómo es posible estar de rodillas delante de Dios con una negación a perdonar. ¿Hasta cuándo puede durar un rencor por una ofensa recibida? Ir a la iglesia, cantar, participar en la mesa del Señor y hasta predicar, puede parecer inofensivo porque los demás no saben y podemos aparentar. Pero cuando estamos solos con Dios, es muy difícil esconder nuestra cara, porque el Señor penetra hasta lo más profundo de nuestro ser.

El asunto del perdón es más serio de lo que pensamos, tanto así que en la oración del Señor, en Mateo 6, nos recuerda al final de esta, que «si no perdonamos a los hombres sus ofensas, tampoco nos perdonará nuestro Padre». Esta afirmación de Jesús causa terror.

Siempre en nuestras casas se nos decía: «Pida perdón, pida perdón por lo que hizo», pero estoy buscando en mi baúl de recuerdos y es difícil encontrar la otra parte: «perdone, perdone las ofensas». Si es difícil perdonar, imagínese lo difícil que es pedir perdón. Habrá personas que se irán a la tumba sin nunca haber pronunciado las hermosas palabras: «Perdóname, te pido perdón por lo que te hice pasar». Conociendo eso, Jesús se preocupa más por el perdón.

Este es un tema antipático, pero el hecho de perdonar, libera. Regularmente, se utiliza una palabra bien conocida que indica la acción de perdonar: absolución. Pero hay unos verbos interesantes que traen todo el significado de la acción de perdonar, todos proceden del idioma en que se escribió el Nuevo Testamento. Los verbos griegos son *jarízomai* que literalmente quiere decir «dar con gracia» como un favor. También indica «remitir», «perdonar». Otro verbo es *afími*, significando literalmente «soltar», «enviar», «cancelar», «remitir». Esta es la palabra que utiliza el sacerdote católico en el momento de la confesión: yo te suelto, te liberto, te desato, te «absuelvo». Porque el perdón trae libertad. En todos los sentidos, trae libertad al que libera (perdona) y al que es liberado (el ofensor). Es una buena ocasión para invitarnos a vivir sin ataduras, a liberarnos y liberar; a desatarnos y desatar; a dejar la careta de la excusa de esperar sentir. Es una decisión, no es un sentimiento. Es una acción a tomar, de acuerdo a lo enseñado por nuestro Maestro Jesús, el modelo de perdón eterno. Absolución completa en Cristo.

«Bendito sea Dios, que no ha desechado mi oración, ni {apartado} de mí su misericordia».
Salmos 60:20

DÍA 115: DESECHADO-RESTAURADO

Aquella mañana cuando él me recibió con la noticia de que no habría más lugar para mí en la institución (cuando me rompí los tímpanos), me supe desechada. En varias circunstancias, cuando la energía, la fortaleza y la buena salud han sido afectadas por cualquier situación difícil y ya no has podido rendir como en otras ocasiones, simplemente te apartan. El nivel de rendimiento ya no es el mismo. Estuve cinco meses confinada a causa de tres cirugías mayores en mi cabeza al mismo tiempo. Recordé la enseñanza hace mucho tiempo de que cuando no estás presente, simplemente pasas al olvido. Valioso aprendizaje ha surgido de experiencias vividas que han sido procesadas, evaluadas y valoradas. ¿Y por este motivo me he echado a morir?

La vida está cargada de historias de «desechos», historias llenas de «si ya no me rindes como antes, ya no me sirves». Lo vemos en las empresas, en las instituciones, y hasta, lamentablemente, en las relaciones personales. Es muy interesante entender que el hecho de que ya no rindas lo mismo para un lugar, no necesariamente quiera decir que para el Señor ya no sirves. Dios se ha especializado en la «reparación». Su especialidad es tomar aquello que se siente o se sabe anulado, desechado, roto, rechazado y hacerlo de nuevo.

Cuando somos desechados, sentimos que nuestra vida es derramada como agua por tierra, como dice 2 Samuel 4:14: «Aguas que no podrán volver a recogerse». Es como si la vida misma se te hubiera escapado. Pero el mismo verso dice, también, que Dios procura no echar de Él al desechado.

Mientras Dios no me eche de sí, mientras mis oraciones no sean desechadas por Él y derrame sobre mí su misericordia, todo lo externo, todo lo que pueda ver que hagan los hombres, quedará con poco o ninguna importancia.

El texto final que escogí habla de Jesús. Lo escribió Isaías cientos de años antes de que Jesús naciera. Muestra uno de los ministerios más hermosos de nuestro Salvador: «No iba a romper la varita que se estuviera quebrando ni iba a apagar la mecha de la lámpara que se estuviera apagando». ¿No es maravilloso saber que Jesús nos restaura por completo? Puede ser que no te coloque de nuevo donde estabas, pero es posible que te abra nuevas puertas donde otra vez muestres todo lo que Él te ha dado como fortalezas, habilidades, destrezas y que de nuevo vuelvas a ser útil, por no decir, vuelvas a brillar, con una mecha que ha sido reparada por nuestro amado Señor.

Cuando te sientas tentado a pensar que no sirves, que no vales ya, recuerda quién es tu reparador, tu restaurador. Mientras Él no nos deseche, seguiremos siendo útiles y, sobre todo, seguiremos adorándolo. Si nos falta cualquier cosa y tenemos a Dios, todo lo demás sobra.

«No me elegisteis vosotros a mí, sino que yo os elegí a vosotros, y os he puesto para que vayáis y llevéis fruto, y vuestro fruto permanezca; para que todo lo que pidiereis al Padre en mi nombre, él os lo dé».

Juan 15:16

DÍA 116: IRREVOCABLE

«Esta prenda es mía, pues el día en que me la entregaste en el altar, dijiste que, con esa prenda redonda se simbolizaría esta relación hasta que la muerte nos separe. Esta prenda es mía. No te la voy a devolver». Así le dijo aquella mujer al hombre que se estaba separando de ella y le estaba pidiendo el anillo de matrimonio en un acto que yo no sabría interpretar.

Hay cientos de cosas que son revocables, pero hay otras que definitivamente no se pueden revocar, no se pueden quitar una vez entregadas. Cuando Dios da algo, (como su gracia), no lo vuelve a quitar. Sus regalos, sus dones y sobre todo el llamado que Él nos ha hecho, son irrevocables. Dios no se arrepiente de haberlo dado, de haberlos otorgado. ¿Cuál es realmente el misterio de esta declaración? Lo encontramos en las Escrituras en uno de mis pasajes favoritos. En Juan 15 hay varias verdades acerca del arte de dar frutos y también la desdicha de la mezquindad como creyentes llamados a ser fructíferos. Después de Jesús dar una serie de enseñanzas acerca de cómo dar frutos, cómo ser podados para dar más, cómo permanecer en Él para dar mucho y permanentes fruto, entonces, finalmente, nos da la razón poderosa: «No lo elegimos nosotros a Él sino que Él nos eligió a nosotros». Esto hace que la perspectiva sea totalmente distinta. Su soberanía ha hecho que nos elija, que nos escoja. No es algo que yo decidí o que decidió mi iglesia, grupo, organismo, ministerio. La garantía que tenemos es que nuestro llamado y posicionamiento en el ministerio es elegido por el Señor, proviene del dador, del otorgante.

No es mi nombre, es su nombre que hace que mi llamado sea irrevocable. Es lo que hace que un siervo de Dios brille para el Señor hasta el final de sus días y que permanezca la semilla que sembró aún más allá de su muerte. Es lo que hace que las huellas marcadas por hombres de Dios en nuestras vidas, sean dignas de seguir, porque fueron marcadas por hombres fieles, llamados por el Señor. Finalmente, es lo que hará que tú y yo tengamos permanencia en el cumplimiento del llamado que Dios nos ha hecho, dondequiera que estemos, sea cual fuere el ministerio que Él nos haya dado. Cuando lo descubres, lo cumples, con gozo y entusiasmo a pesar de las lágrimas que resultan al sembrar la semilla de la palabra de Dios. Del fruto se encargará nuestro Viñador.

¿Estás en un tiempo de pausa? Aprovecha y reflexiona cómo ser útil aun desde tu pausa. Estar pausado no quiere decir estar anulado. Seguirás alumbrando. Tienes la garantía de aquel que te llamó y te comisionó. Esa prenda te fue designada, asegúrate de cuidarla para que cuando la entregues a tu llegada al Padre, esté tan brillante como el primer día.

«Él le dijo: Señor, dispuesto estoy a ir contigo no solo a la cárcel, sino también a la muerte».
Lucas 22:33

DÍA 117:
COLGANDO EN UN HILO

Conocí un matrimonio de 60 años y otro de 70. ¿Inconcebible? Conozco otros con apenas seis meses de duración que han finalizado. Tengo amigos con 45 años de amistad, con 50 y con 30 años. Pero sé de personas que han roto amistad antes de tener tres meses de haber iniciado. ¿Qué hace que una relación sea duradera o se termine en poco tiempo? Te invito a considerar los factores según la misma experiencia tuya.

Encuentro en la Biblia dos casos que siempre me han llamado la atención. Dos hombres que estuvieron tan cerca del Señor Jesús y con unas acciones bien particulares que son dignas de meditación en este día.

¿Recuerdas a Pedro? Claro que sí. Es un personaje icónico en el apostolado. Solo menciono algunas características relevantes de este hombre singular. Aunque era impulsivo y hablaba sin tapujos, Pedro estuvo dispuesto a dejarse corregir y lijar por Jesús. Manifestó violencia en algún momento, pero también recibió la lección enseñada. Pedro manifestó, en una revelación divina, quién era realmente Jesús y lo expresó. No tenía miedo ni pena de expresarle a Jesús cuánto lo amaba, pero tampoco dudó cuando sus condiscípulos debían saber lo que él pensaba.

Al grano. En un momento desafortunado de su vida, cuando Pedro expresó que estaba dispuesto a morir por su Maestro, Jesús le revela que muy pronto lo negaría. Y lo negó. Después de ese momento negro en su vida, recibe la restauración de Jesús, la sanidad y la encomienda que cambiaría su vida para siempre. ¿Qué hace que Pedro sea restaurado? Sin duda, la relación que tenía con Jesús hace la diferencia; lo conocía, era su amigo íntimo, lo acompañaba dondequiera (menos a la cruz). Pedro había conocido a Jesús y sabía realmente quién era Él. Le conocía como Dios, como Verbo, como Señor, como amigo. No tenía mero conocimiento intelectual acerca de Dios, pero sí tenía conocimiento de Jesús. Por eso, aunque lo negó en un momento y dijo otras cosas inaceptables, recibió el bisturí y el amor de quien era su mayor bien.

Pero tenemos, también, el caso de Judas. Este nunca expresó que conocía quién era Jesús, nunca reveló conocerle íntimamente y tener una relación personal con el Verbo de vida. Estaba en el grupo, pero muchas veces traicionó la confianza de estos y, finalmente, entregó a Jesús ¿Qué lo llevó a esto? Además de lo ya expresado, lo llevó también, la avaricia, el querer más, el tener renombre, sobresalir delante de los grandes. Deseó más la posición y el dinero que permanecer al lado de quien lo amó con amor eterno, y las consecuencias no se hicieron esperar: Satanás entró en él y, finalmente, Judas fracasó.

¿Qué hace que nuestra vida no cuelgue de un hilo? Lo único que nos librará de irnos al abismo es mantenernos unidos a Él en una relación personal que no podrá ser abatida por nada ni por nadie. Debemos dejarnos trabajar, quebrantar, limpiar, restaurar y cuidar por Jesús.

«Brille así vuestra luz delante de los hombres, para que vean vuestras buenas obras y glorifiquen a vuestro Padre que está en los cielos».

Mateo 5:16

DÍA 118: REFLEJANDO LA LUZ DEL SOL DE JUSTICIA

Hay un día en el año en que la tierra recibe grandes cantidades de luz solar en el hemisferio norte, el lugar donde nosotros estamos. La Tierra está más inclinada y por eso recibe esa cantidad de luz solar. Eso hace que el día mencionado sea el más largo del año. Justamente es el día el 21 de junio. En ese momento se produce el solsticio de verano. Luz, mucha luz. ¿Qué significado tiene este día para mí en particular? Durante varios años, en esta fecha especial, he estado celebrando cursos de capacitación. Ha sido un privilegio para mí compartir la mejor tarea del mundo en un día tan significativo para cualquier persona como lo es su cumpleaños. Hoy fue una excepción. Pero pude compartir otros aprendizajes, otras enseñanzas. Sí, es mi cumpleaños, 21 de junio. El día más largo del año, mi madre estaba dando a luz, en el solsticio de verano.

¿Por qué es especial para mí el día de hoy? Así como la tierra ha recibido mucha luz hoy a causa del Sol, yo hago una analogía con mi vida, con nuestras vidas. Desde horas muy tempranas yo comencé a recibir muestras de la luz del Sol de la justicia, de mi Señor. El Señor irradió su luz en mi vida de manera que pude ver su amor y su cuidado a través de detalles que llenaron mi día de luz. Mensajes, poemas, recuerdos, envíos personalizados de un *brunch* realmente hermoso y sabroso, visitas, llamadas. Todo esto ha significado mucho para mí. Y dos cosas han venido a mi corazón en este día: la primera es mantener el compromiso de seguir creciendo en sabiduría y que mis días no se llenen de aburrimiento y espante a las generaciones jóvenes o a cualquier generación que realmente desee recibir y compartir pequeños rayitos de luz de la sabiduría que el Señor me pueda dar cada día de los que me faltan, como dice el Salmo 90, y la segunda cosa (y esta tiene que ver con lo que está pasando en este, el día más largo del año), es que yo pueda ser un reflejo de la luz del Señor.

Iluminar a otros para que puedan inclinarse hacia el Señor y yo poder dejar pasar la luz de Cristo a través de mí, es el impacto que quiero causar en otros, y esto no tiene que ver nada con mi nombre, sino que yo refleje a Cristo, que lo dé a conocer a Él. Lo que quiero es que vean la obra salvadora de Cristo a través de mis palabras y mi vida, de manera que ellos puedan glorificar a mi Padre que está en los cielos. Es mi mayor anhelo. Dios ha sido bueno en este día conmigo, su ternura, amor y misericordia han sido manifiestos. Sus rayos de vida y de luz, así mismo como lo expresa la fecha mencionada, han bañado mi vida de Él para que yo también irradie esa vida. Que Cristo sea glorificado y que su sabiduría abunde siempre en mí para compartirlo con otros.

«Ve, pueblo mío, entra en tu casa y cierra las puertas detrás de ti. Escóndete un poco, hasta que pase la ira del Señor».
Isaías 26:20 (NBLA)

DÍA 119:
HASTA QUE EL PELIGRO PASE

«¡Niño, ven acá!», «deja eso, niño», «no corras tanto, niño», «ya es hora de dormir», «¡oh! qué aburrimiento, tanto tiempo encerrado», «no sé cuándo terminará esto», «¡ay! nos vamos a volver locos mirando, oliendo, comiendo y haciendo lo mismo», «¿hasta cuándo?».

¿Te podrías imaginar la escena? Encerrada con un niño por seis largos años en el mismo lugar, sin poder salir ni siquiera a tomar el sol. ¿Es posible mantener a un niño quieto en un mismo lugar, sin ver otra cosa que a la misma gente y los mismos objetos siempre? Vamos a imaginar la escena de lo que pasaba con el niño Joás, futuro rey. Sí, estuvo encerrado por seis años para librarlo del peligro de una abuela malvada que estaba exterminando a todos los pequeñitos y así evitar que alguno de sus nietos llegara a ser rey de Jerusalén cuando muriera su esposo el rey. De ahí salió a ser un exitoso rey que hizo lo que agradaba a Jehová. Algo bueno aprendió escondido en la Casa de Dios por seis años, un encierro con significado.

El año pasado, 2021, en un momento de euforia y en el que los sentimientos no bien sopesados se apoderaron de mucha gente, se realizaron eventos multitudinarios por doquier, en un claro desafío al virus mortal que acabó con algunos millones en todas las latitudes de la tierra. Los jóvenes se desesperaron y salieron a celebrar, los negociantes también desesperados por las pérdidas comenzaron a abrir sus negocios, las escuelas abrieron sus aulas presenciales, las iglesias sus servicios en los templos y todos comenzaron a «darse de alta» del peligro. ¿Las consecuencias? …

Dediqué varios días y semanas a hablar del tema por las redes. Y tomé específicamente dos pasajes de la Biblia para recordar lo que estaba sucediendo. En Isaías 26:20, el Señor pide al pueblo ir a sus casas y encerrarse por un poco de tiempo allí hasta que pasara la ira del Señor. El mandato era específico y también el tiempo, aunque no se diga cuánto duraría, sino «hasta que pasara la ira del Señor», en otro sentido, «hasta que el peligro pase».

Encuentro en las Escrituras que casi todas las órdenes de ese tipo tenían un maravilloso propósito. El cumplirá su plan cuando nosotros obedecemos. No fue ni ha sido fácil el encierro de la pandemia, así como no le fue fácil a la tía de Joás encerrar a este niño por seis años. No le fue fácil a mi sobrina embarazada estar ocho meses en cama monitoreada por un hospital para poder salvar a sus gemelas, abandonando su clínica dental por más de un año. No es agradable cuando nos dicen que estamos de licencia médica y tenemos que acostarnos a causa de una situación de peligro. No es halagador ver que se caen los negocios, las ventas, los trabajos, las ganancias, las visitas, los paseos, los viajes misioneros. Hay que estar escondido hasta que el peligro pase. El mundo seguirá desenvolviéndose conmigo o sin mí. Yo solo debo obedecer, como sea, pero hacerlo. Aprovechemos a aprender del Señor como Joás. Es posible que salgamos pulidos y listos para dar lo mejor «cuando el peligro haya pasado».

«Y me dijo: "Hecho está. Yo soy el Alfa y la Omega, el principio y el fin. Al que tiene sed, le daré gratuitamente de la fuente del agua de vida"».

Apocalipsis 21:6

DÍA 120: CAMBIANDO LA MANGUERA

Nos abrieron el hidrante en la esquina de la calle del medio. No había felicidad más grande para nosotros, los niños del pueblo, que ver cuando abrían ese monstruo de agua, era como si soltaran un brazo de mar. Y ese día, con la algarabía que nos caracterizaba corrimos hacia la esquina. Instinto natural: pegarse de la boca del hidrante a beber agua en medio de aquel calor. De pronto, caía uno por allá del tremendo empujón que esa agua llevaba. Así nos pasó, y yo recuerdo que, por poco, uno se ahoga.

Unos años más tarde, pero muchos años realmente, en un calor sin precedentes en la ciudad de Nueva York, yo veía cómo la gente desesperada se pegaba de cualquier manguera o boca de hidrante que permanecían abiertas por horas. ¿Cuál es la respuesta inmediata cuando uno se pega de la manguera de los bomberos para beber agua o de la boca de un hidrante? Por supuesto, uno recibe un golpe de agua tal que nos llena como la rana del cuento. ¿Sabes qué? Muchas veces nosotros estamos bebiendo de la manguera del camión de bomberos. Es como si todas las situaciones que estamos enfrentando se convirtieran en esa manguera. Nos satura, nos llena, nos atosiga de agua y sentimos que nos ahogamos. Hay que cambiar la manguera, probablemente; hay que cambiar la fuente.

Jesús se presenta a Él mismo como la fuente que nos puede saciar, sin ahogarnos, sin lanzarnos un golpe momentáneo de agua que nos tumbe. Sí, lo que Él ofrece es una fuente de vida, es un constante movimiento de agua en nuestro interior que va a satisfacer todos los momentos de la vida. Desde dentro hacia afuera. Al que tiene sed, lo saciará gratuitamente del agua de la vida, y nosotros debemos tener sed por Él siempre. No es solo por un momento de calor o sed en el que nos vamos a pegar de Jesús como lo haríamos con la manguera del bombero. No. Tenemos que buscar un chorrito suave y delicado que nos permita tomar sin asfixiarnos, descansar y volver a tomar; saborear y volver a tomar, porque su agua es eterna.

Si estás pasando por momentos en que sientes que estás pegado de la manguera incorrecta, la del bombero, y crees que ya no puedes aguantar tantas cosas juntas porque te ahogas, entonces ven a Jesús. Él ha prometido saciarnos desde nuestro interior, no como la manguera que llena desde afuera y nos puede hacer explotar cuando el golpe de agua entra al cuerpo. Cambia la fuente, cambia la manguera, deja pasar lo que te está saturando. Entrega a Jesús lo que no puedes llevar, descárgate y descansa en El.

¿Los hijos, las deudas, las enfermedades, los problemas de tus seres amados, el pasado, el pecado no confesado, tu posible frialdad con Dios y muchas otras cosas, te están ahogando? Échalas en el saco que entregarás al Señor y descansa en Él. Nunca es demasiado tarde.

«En cambio, vístanse con la belleza interior, la que no se desvanece, la belleza de un espíritu tierno y sereno, que es tan precioso a los ojos de Dios».

1 Pedro 3:3-4

DÍA 121: COSMETOLOGÍA DE DIOS

«Profe, usted está muy linda», decían los chicos y las chicas de la escuela secundaria donde trabajo y de la que he estado ausente por varias semanas. «Profe, ¿qué se hizo?», preguntaban otros. No entendía mucho porque realmente no me he hecho nada. Cara pelada, barniz totalmente natural y varias arrugas que me han salido. ¿Has escuchado el nombre de Meryl Streep? Es una de las actrices con más nominaciones a los premios Oscar. Cuando la vemos en la pantalla y en escenarios sin maquillaje, mostrando sus canas y sus arrugas es casi inconcebible. Ella resalta el hecho de exhibir un interior lleno de tranquilidad y no temer al envejecimiento lleno de arrugas y canas.

Jamás seré una detractora de la mujer, porque soy mujer, pero es interesante que casi todos los textos bíblicos que se refieren a la belleza física tocan a la mujer. Puede provocarnos pena o dolor esto. Pero es que la mujer es el blanco más fácil para los bombardeos acerca de la belleza física.

No es a eso a lo que necesariamente me quiero referir, pero es necesario tocar el punto. ¿Has podido reconocer el rostro de las chicas en una graduación? Difícil. Todos nos preguntamos en ese momento quién es la chica que está en el estrado por la manera cómo esconden su verdadero rostro detrás del maquillaje. Hablamos de hechos.

Hoy, el deseo de lucir mejor, oler mejor y así sentirse mejor causa que los consumidores alrededor del mundo —principalmente mujeres— gasten aproximadamente 65 mil millones de dólares al año en el mejoramiento personal y en cosméticos. En 2001, se ha reportado que: «Un estimado de 1282 tubos de lápiz labial y 2055 tarros de productos para el cuidado de la piel son vendidos cada minuto»[1] ¿Y qué pasa con los hombres? Ha crecido enormemente la inclinación a convertirse en bellezas, y se ha creado una nueva palabra para referirse a los hombres que se inclinan o se preocupan por la belleza física masculina: el término «metrosexual» (metro=metrópoli + sexual). Eso ha hecho que también, la industria, haya crecido de manera exponencial.

Pero ¿qué dice la Escritura acerca de cuál es la preocupación de Dios respecto a nuestra belleza? Aparte de todo lo específico que tiene la Biblia al respecto, solo quiero mencionar unos hechos. El verbo vestirse, aquí en forma reflexiva donde la acción recae sobre el mismo sujeto que la ejecuta, es usado en ambos textos que cité. Hay

1 «Beauty in the mind and wallet of beholder», *Minnesota Daily Online, 7 de marzo de 2001. Tr.: Belleza en la mente y en la cartera del espectador.*

una manera de vestirse como escogidos de Dios, santos y amados. La Biblia nos invita a vestirnos de entrañable misericordia, benignidad, humildad, mansedumbre y paciencia. Esto, por un lado, son valores internos, son virtudes que solo el Señor pone en nuestros corazones. Para el Señor no hay belleza más impresionante que el vestirse, llenarse, manifestar en nuestros actos con estas hermosas virtudes que solo pueden salir de la realidad de tener a Cristo en el corazón.

En 1 Pedro, hablando precisamente a la mujer (qué cosa ¿no?), el Señor por medio del Apóstol nos recuerda lo que es valioso para Él. Antes ha mencionado lo externo, joyas, vestidos y peinados, pero ahora, en contraste dice: «en cambio», un poderoso conector de oposición. ¿En cambio qué? En cambio, vístanse con la belleza interior que no se desvanece cuando se quita el maquillaje o pasan los años. Vístanse con ternura y serenidad, belleza del espíritu, de lo profundo de adentro. Esto, dice el mismo Apóstol.

Es incalculable el valor que tiene una persona con estas virtudes exhibidas en su vida: ternura, misericordia, benignidad, humildad, mansedumbre, paciencia, belleza interior. No importando las canas o arrugas. Cualquier ambiente es bueno cuando una mujer o un hombre, exhiben estas características internas. Esto exalta a Cristo porque es de alto valor para Dios.

Te invito a que, antes de ir al espejo y preocuparnos más por lo externo, tomemos los vestidos mencionados y revistamos nuestro ser interno de ello, porque eso viene de

Dios. Solo Él lo puede depositar en nosotros, no importa si eres hombre o eres mujer. La belleza interior es para todos, esta es la cosmetología de Dios.

«Para que lo sepa la generación venidera, y los hijos que nacerán; y los que se levantarán lo cuenten a sus hijos, a fin de que pongan en Dios su confianza, Y no se olviden de las obras de Dios; que guarden sus mandamientos».

Salmos 78:4b-6-7

DÍA 122: ¿QUÉ CLASE DE LAZARILLO SOY?

La maestra tenía la encomienda de conducir a un niño pequeño al Padre. Salieron en su caminata y, por momentos, el niñito divisaba una avecilla y salía corriendo detrás, queriendo jugar con ella. Pero la maestra lo halaba con firmeza y lo atraía diciéndole: «Esa avecilla la hizo el Padre y no querrá que la maltrates, Él es celoso con sus cosas». Luego vio un riachuelo hermoso con florecillas en las orillas; quiso pararse y meter los piecitos, tomar un poco de agua y cortar una flor. Sin embargo, ella no se lo permitió y le decía: «Esas son las flores del Padre y el riachuelo del Padre, se va a enojar si los tocas». Más adelante, un relámpago fue visto en el cielo y luego un trueno se escuchó y comenzó una llovizna. El pequeño estaba anonadado con tanta sorpresa y belleza, por lo que quiso bañarse bajo las gotas, pero la educadora lo agarró y se lo impidió, diciéndole: «Esos rayos te pueden matar, esa luz te puede cegar y esa lluvia te puede resfriar, porque esa es la ira del Padre enojado». Y el niño se entristeció.

Por fin llegaron a donde estaba el Padre y cuando ella soltó al infante diciéndole: «Ahí está tu Padre, ten cuidado, tiene los brazos abiertos, pero también te puede castigar, ve a Él que te espera». El niño, sorpresivamente, se aferró a ella con firmeza, temblando de miedo. No quiso conocer al Padre. La maestra se quedó pensativa preguntando: «¿En qué fallé? Yo lo conduje al Padre, no entiendo lo que pasó». Y se entristeció.

La siguiente maestra salió con su pequeño alumno. Dondequiera que él se quería detener a contemplar las bellezas, ella se lo permitía y le decía: «Esas son las maravillas del Padre, Él lo hizo para ti». Cuando el niño escuchó los truenos y vio la luz del relámpago y la lluvia, ella le dijo: «El Padre está enviando lluvia para que crezcan las flores para ti y los alimentos de la tierra y se llene el río que nos da agua». Entonces, el chico vio unas avecillas jugando y trinando y quiso acercarse. La instructora lo soltó y él, felizmente, fue a perseguir a las avecillas riendo. Ella le dijo: «Las aves le están cantando al Padre que las hizo porque están felices. Puedes jugar con ellas».

Llegó el momento, allí estaba el Padre, con los brazos abiertos esperando al niño. Sin mediar palabras y como una liebre que salta y corre, el niño se soltó de la mano de la maestra y corrió a sus brazos y se abrazó a Él. Había llegado a su Padre y estaba feliz. La maestra se quedó pensativa y unas lágrimas le rodaron, por la nostalgia. Luego se dijo: «He cumplido, le he mostrado el mejor camino, le he hablado del mejor Padre que pueda tener y mi misión ha sido traerlo. Estoy feliz. Se lo encargo a Él».

¿Qué imagen del Padre estamos compartiendo con aquellos a quienes conducimos a Dios? ¿Cómo hablamos del Padre? ¿Pondrá la gente su confianza en Dios de acuerdo a la imagen que le damos de nuestro Padre? Nuestra misión es conducir a estas generaciones a Dios con el fin de que lo conozcan. Que nuestra misión de guiarles sea realizada de la manera más extraordinaria mostrando realmente quién y cómo es Él.

«Dijo entonces Jesús a los doce: ¿Queréis acaso iros también vosotros? Le respondió Simón Pedro: Señor, ¿a quién iremos? Tú tienes palabras de vida eterna. Y nosotros hemos creído y conocemos que tú eres el Cristo, el Hijo del Dios viviente».

Juan 6:67-69

DÍA 123:
¿A QUIÉN SINO A TI?

Contemplé al niño varias veces regañado y castigado por la madre. Lloró un buen rato, se limpió la cara y fue despacito a la falda de ella. La abrazó, le dio un beso y se fue a jugar. Mi perrita, a la que regaño cada vez que hace una de sus acciones indebidas, se queda un rato tranquila, va y se acuesta donde suele pasar más tiempo en la casa y cuando paso por su lado levanta las patitas o mueve la cola o hace cualquier señal indicando que quiere estar al lado mío. Si me siento en la sala o donde sea, viene para estar echada ahí al lado. Es interesante que cuando me visita mi hermano, a quien ella ama con locura, no encuentra forma de manifestarle su amor. Si él la carga, se le duerme en los brazos como diciendo: «Aquí es donde amo estar».

Nosotros andamos buscando «mimos», de personas que amamos y que pensamos que también nos aman. Si usted se parece a mí, buscaría cualquier ocasión para sentirme tranquila y feliz al lado de una persona amada. Nos gusta sentir que somos anhelados, que a la gente que queremos le gusta también estar con nosotros, pero no siempre es así. A veces los mensajes son claros, aunque no sean escritos o hablados. A buen entendedor, pocas palabras bastan. Nos dicen: «¿Puedes entender que no siempre quiero conversar, compartir contigo?» y aunque duela, sacamos pie.

Jesús, el maravilloso Jesús, en una ocasión, viendo que algunos de sus discípulos lo habían abandonado, les dice a sus demás seguidores: «¿Quieren irse ustedes también?». A esto, Pedro, el singular Pedro, le responde: «¿A quién iremos? Tú tienes palabras de vida eterna. Y nosotros hemos creído en ti».

Yo quiero imaginar la escena, o más bien el tono en el que Pedro dijo estas palabras. No creo que haya sido en un tono alto y brusco, sino con una gran ternura, quizás desconocida en él. Pedro no dice «a dónde iremos» ni «a qué iremos», dice «a quién iremos». El sentido de esta expresión, nos habla de una persona. ¿Por qué? Porque es una persona la que puede satisfacer todas las necesidades internas que nosotros podamos tener. Ese es Jesús. No hay nadie más aparte de Jesús que puede llenar los vacíos que tiene nuestra alma. Podremos tener todas las relaciones del mundo y procurar todos los mimos que anhela nuestro ser necesitado de pertenencia y de amor, pero solo Jesús sacia todo esto. No hay padre o madre, esposo, esposa, novio o novia, hijo o hija que pueda llenar ese vacío que tiene forma de Dios.

Siempre nuestra alma procurará en silencio, sentarse al lado del amado Jesús, así como lo hace el niño con sus padres, o el perrito con su dueño ¿A quién iremos? Podremos buscar todos los amores del mundo, pero solo el de Jesús llena nuestro ser completo. Solo Él tiene palabras de vida eterna para nosotros. Algunas veces pareciera que estamos mendigando el cariño de alguien. Jesús, por el contrario, anhela profundamente estar con nosotros, incondicionalmente.

«No tendrá temor de malas noticias; su corazón está firme, confiado en Jehová».

Salmos 112:7

DÍA 124: ¿MALAS NOTICIAS? SIN TEMOR A ELLAS

Ese día, él no sabía lo que iba a comer. Sin dinero en el bolsillo, sin una tarjeta de crédito, en otro país y con una situación difícil, no tenía la posibilidad, por sus condiciones, de conseguir comida. Así comienza la historia de un querido familiar:

Los ojos se nublan cuando hay hambre, sueño y uno ha tenido muy malos momentos. Pero ese día, en el cual todo parecía ir mal, encontró en el banco de un parque una bolsa de *lunch*, de esas en donde los restaurantes de comida rápida empacan los servicios para llevar. Se acercó, la tomó y se dio cuenta de que estaba sellada, o sea, no había sido abierta; la comida se mantenía caliente. Dentro del empaque se encontraba un servicio completo con el que pudo comer y nutrirse para lo que le restaba del día, llenado un estómago que había pasado 24 horas de inanición. Analizando la situación, entendió que alguien había pedido un combo 2x1 y no pudo comer el segundo servicio, motivo por el cual terminó abandonándolo en esa banca del parque. Sin embargo, Dios sí sabía para quién era esa comida. Mi querido familiar entendió en ese momento que no importa dónde uno esté, Dios suple.

Esta semana, nuestro presidente anunció, con voz entrecortada, que los países reunidos habían anunciado la posibilidad, ya confirmada, de una hambruna que está en camino. Motivaba a abastecerse y a no desperdiciar alimentos. La noticia dejó indiferentes a muchos, pero después de la crisis de salud, la mano de obra que hemos tenido en el mundo, la oferta y demanda en decaída, esa situación era de esperarse.

Ante noticias y realidades como estas ¿qué actitud debemos asumir y qué acciones debemos tomar? La Biblia nunca ha cambiado la fórmula y puede que parezca repetitiva e insistente con este tema, pero no hay otra actitud que la confianza en nuestro Dios. Él ha dicho a través del salmista: «No he visto justo desamparado ni su descendencia que mendigue pan». Ha recordado en la oración modelo: «El pan nuestro de cada día, dánoslo hoy». Nos recalca en Hebreos 13:5b: «no te desampararé ni te dejaré». Por lo tanto, nunca será distinto. El Señor nos pide que confiemos en Él. Su fidelidad es para siempre y sus promesas se cumplieron ayer y se cumplirán hoy y mañana.

Cuenta la Biblia de dos mujeres necesitadas que albergaron en sus casas a unos profetas del Señor. No les faltó el pan en ningún momento porque ellas estuvieron dispuestas a ayudar, servir y confiar en Dios. Con esta historia, nos acordamos también de Agar en el desierto, cuando se le acabó toda la provisión y, entonces, optó por rogarle a Dios. Asimismo, otro evento similar ocurrió cuando Jesús pagó los impuestos y deudas de otros. Ante esto, nos preguntamos de dónde ese sacó el dinero, cómo hizo Jesús para alimentar a miles de personas, cómo sobrevivió el pueblo de Dios caminando en el desierto. A ellos nunca le faltó alimento, calzado, ropa y, mucho menos, les faltó la presencia Dios, el cual los guiaba por el camino correcto.

Sin lugar a dudas, las buenas acciones no pasan por debajo de la mesa: el ahorro, no desperdiciar nada, colaborar con otros necesitados y trabajar duro, siempre serán recompensados en los momentos más difíciles. Pero hoy es un día hermoso para declararle a Dios que dependemos de Él mientras el mundo se debate entre malas noticias. «No te desamparé ni de dejaré», clama el Señor. Expresemos nuestra confianza en Dios.

«La balanza falsa es abominación al Señor,
pero el peso cabal es su deleite».
Proverbios 11:1

DÍA 125:
PESAS FALSAS, BALANZAS ARREGLADAS

Jornalero. Cuando leí la cédula de mi padre, en la línea donde se especificaba la profesión u oficio, decía jornalero y eso me pareció humillante. Ya cuando crecí un poco más y entré de lleno al mundo de las letras, supe lo que significaba la palabra. Mi padre nunca fue más que eso, un jornalero. Trabajaba por su jornal, día a día. Pero hemos de admirar siempre los valores de verdad y honestidad que guiaron a este singular jornalero. Al realizar sus ventas tenía que usar pesos y balanzas, al igual mi madre. En casa se vendía carne, chicharrón y otras viandas que se pesaban. Papá era conocido por no tener pesas arregladas o amañadas, cosa que se da casi en todos los negocios. Nunca fue rico, ni tuvo más que lo necesario, pero mantuvo su regla y honradez hasta el día de su muerte.

El fundador y dueño de J. C. Penney, empresa que tiene hoy 1800 tiendas o más en los Estados Unidos, cuando fundó su pequeño negocio en 1902 puso un letrero en su tiendita, decía: «la regla de oro». Todos se burlaron de él y vaticinaron su fracaso. A pesar de todo, él siguió haciendo que se cumpliera esta regla bíblica en su negocio. Y hoy los resultados han sido incuestionables.

¿Habrá pesas falsas en nuestro proceder diario? ¿Qué podemos nosotros considerar como pesa falsa? ¿Tendrá que ver solo con los negocios? Originalmente, el concepto de pesas falsas tenía que ver con negocios; los judíos también practicaron el uso de pesas grandes para comprar y pesas pequeñas para vender, de esta forma engañaban a otros; eso lo enfatiza Amós 8:5. Esta costumbre no era rara en el pueblo y fue pasando a las siguientes generaciones, de manera tal que dichas prácticas llegaron hasta nuestra época.

Por otro lado, el concepto de la «pesa falsa» se usa en el sentido figurado, espiritual o moral. Nosotros practicamos la pesa falsa cuando no estamos siendo honestos, cuando la verdad se ausenta de nosotros. Cuando beneficiamos a unos y perjudicamos a otros, hacemos uso de la «pesa grande» y «pesa pequeña», también sucede cuando le mostramos a alguno en nuestro trabajo o empresa cómo se hacen las cosas y a otros los dejamos sin ayudas para que no prosperen porque tenemos preferencia hacia cierto grupo de personas.

¿Compramos a 80 y vendemos a 400? Enseñamos el camino a unos y a otros los dejamos perdidos. Practicamos la pesa falsa cuando advertimos a unos de los beneficios de la compañía, lo que los podría ayudar a ascender, pero a otros los ignoramos por completo para que siempre estén abajo. Eso es medida y pesa falsa. La verdad, la justicia y la honestidad son valores que debemos practicar con todos, se llama equidad, en un sentido. No debemos echarle a uno más y a otro quitarle. Todas estas prácticas cuando las hacemos intencionalmente, desagradan al Señor. Medida y pesa falsa son una abominación ante los ojos de Dios.

Esto se desprende del noveno mandamiento, que posee más fuerza que cualquier otra regla establecida en los negocios. Cuando una norma sale de la palabra de Dios, es una regla de oro para nosotros los creyentes. No deberíamos usar las medidas falsas si conocemos la verdad de Dios. El noveno mandamiento, sobre el falso testimonio incluye todas las formas de mentir y esta que hemos mencionado, es parte.

Jesús refuerza estas verdades en Mateo 7:11 y los versos que le siguen, donde detalla la regla de oro que debe regir el trato entre nosotros y hacia otros. Que esa sea nuestra guía siempre.

«A Dios dirijo mis ruegos, para que me escuche. En los momentos más difíciles, siempre busco a Dios. Con las manos levantadas me paso la noche orando, aunque ni esto me consuela. Cuando pienso en Dios, me siento desalentado y me dan ganas de llorar. ¡Dios me hace perder el sueño! ¡Estoy tan confundido que no sé qué decir!».

Salmos 77:1-4

DÍA 126: EL SALMO 77. NOCHES OSCURAS

Cuenta Barbara Johnson, la autora que me hace reír por la forma en cómo cuenta los dolores de su vida, que cuando se enteró de las preferencias y prácticas de su hijo más adorado, ella lo único que pudo hacer por mucho tiempo fue acostarse boca arriba y no dormir. Relata que memorizó y contó todos los dibujos que tenía su cielo raso. No podía cerrar los ojos porque sus noches se volvieron un desconsuelo.

Los dolores de la vida hacen que el sueño se vaya. A veces, durante los muchos intentos por conciliar el sueño, solo vemos las sombras de la noche y luego las luces que anuncian que llegó el día, recordándonos que hemos pasado la noche en vela.

El salmista, Asaf, en este caso, nos cuenta algo parecido en el maravilloso Salmo 77. He escogido este capítulo de la Biblia para meditarlo durante varios días. Hoy veremos los momentos oscuros en el pensamiento del autor.

Aunque comienza declarando que es a Dios a quien dirige sus ruegos, su oración, es para colocar al Señor como el sujeto a quien culpa por sus malestares. No había otra persona a quien orarle, sino a Él, pero en las siguientes declaraciones deja claro que esa acción de pensar en Dios hace que se sienta desalentado, agobiado y triste. Se vuelve presa de la confusión debido a que, aun en su oración a Jehová, no puede descansar.

Puedo inferir fácilmente que el autor hace notar que Dios es el causante de su pena, angustia y noches oscuras sin dormir, es decir, le está echando la culpa a Él. Es como nosotros, cuando nos visita la desolación y no vemos salida ni respuesta a nuestros ruegos, lo más probable es que busquemos a un culpable y, por supuesto, culpamos al Señor. ¿Cuántas veces hemos hecho esto? ¿Alguna vez le has dicho al Padre celestial: «Señor tengo tantos años, tanto tiempo orando por esta situación y no veo respuesta»? ¿O, acaso, yo soy la única que dice esto?

Lo más interesante es que decimos: «Es que yo no le oro a nadie más, sino a ti, Señor; es que yo no acudo a nadie más, sino a ti, Padre». Y en esas expresiones dejamos ver claro que le estamos echando la culpa de nuestra angustia nada más y nada menos que a Dios. Cuando el dolor nos causa desconfianza en el Señor, entonces, no podemos notar su presencia, y esto hace que la oscuridad del alma sea más profunda. Estamos seguros que Dios nos escucha y eso es doble daño en medio de la situación, ya que no podemos ver quién es Dios ni lo que hace.

Cuando decimos: «No quiero consuelo, me rehúso a la ayuda porque prefiero esperar», estamos declarando que vamos a esperar en Dios, pero al ver que Él no responde, nuestro espíritu desmaya y ni siquiera nos sale la voz, enmudecemos al ver la supuesta «indiferencia» de Dios. ¿Habrá alguna salida? ¿Comprenderá Jesús nuestro desconsuelo? ¿Cuáles son las preguntas que hacemos en nuestra introspección?

Se debe leer la primera parte del Salmo 77.

«Consideraba los días desde el principio, los años de los siglos. Me acordaba de mis cánticos de noche; meditaba en mi corazón, y mi espíritu inquiría: ¿Desechará el Señor para siempre, y no volverá más a sernos propicio? ¿Ha cesado para siempre su misericordia? ¿Se ha acabado perpetuamente su promesa? ¿Ha olvidado Dios el tener misericordia? ¿Ha encerrado con ira sus piedades? Selah».

Salmos 77:5-9

DÍA 127: EL SALMO 77. AMANECE UN NUEVO DÍA

«Bendeciré a Jehová que me aconseja; aun en las noches me enseña mi conciencia». Así enuncia el salmista en una hermosa oración del Salmo 16. Estaba haciéndome preguntas una noche de desvelo y parecía que ninguna tenía respuesta. Conversaba conmigo misma y también le preguntaba a Dios sobre hechos particulares y puntuales en mi vida. De repente, desde lo más profundo recibí una paz que sobrepasó todo entendimiento en ese momento. Mi conciencia me estaba dando lecciones y el Señor me estaba aconsejando.

Hay un día del maestro en nuestro país y no hay mejor ocasión para bendecir y reverenciar a mi maestro por excelencia: el Espíritu Santo. No, no es que sea mística, pero es Él quien me aconseja y me enseña cuando pareciera que las lecciones de los hombres se han terminado. Soy maestra, es el don por excelencia que recibí de Dios. Me gusta mi asignación, la he vivido con pasión. No la cambiaría por ninguna otra que traiga renombre y gloria a la gente. Casi nunca escucho dentro de los cinco ministerios de Efesios, que la gente diga: «Y maestros» como un ministerio singular. Quieren unirlo a otro, pero no, Dios dio dones de «maestros».

Una de las cosas que más hacen los maestros es preguntar. El arte de hacer preguntas es ampliamente estudiado en la educación. Preguntas abiertas, preguntas cerradas, preguntas de todo tipo. En esta parte del Salmo 77, el autor hace preguntas. Después de expresar cómo se angustiaba su alma pensando en Dios y desalentado por ello, entonces, hace un enlace en el verso 5 y dice: «Consideraba», «meditaba», «me acordaba», y «mi espíritu inquiría» (acciones constantes, no puntuales)... Iba a hacer preguntas tomando en cuenta lo que había considerado o meditado con detenimiento. Sus preguntas eran cerradas y la respuesta a todas ellas, se podría decir que es una sola: no.

Todas las preguntas que se hacen aquí tienen que ver con algún atributo de Dios, y los más sobresalientes son la misericordia, la bondad y la fidelidad. ¿Se acabaría todo esto de parte de Dios para su pueblo? ¿Dejará de ser fiel a Él mismo? Después que el salmista se detiene a hacer esas preguntas, posterior a su meditación, entonces hace un silencio. No sabemos si es un silencio de semicorchea o de redonda, pero guardó silencio (Selah). Es que tenemos que guardar silencio ante algunas preguntas que parecieran no tener sentido en cuanto al amor eterno de Dios. Dios nunca dejará de ser propicio y de cumplir sus promesas porque Él dijo y hará.

Después de estar despiertos durante una noche oscura, cs saludablc permitir que la conciencia nos enseñe y nos recuerde nuestros cánticos de noche, cuando meditábamos en Dios. Esto puede ser el renacer de un nuevo día. La conciencia es una excelente maestra. Es necesario indagar sobre el proceder de Dios. Hagamos las preguntas que queramos hacer. Dios no nos condena ni nos juzga por ello. Es probable que tengamos la respuesta a ellas cuando somos honestos y justos al inquirir.

Leer la segunda parte del Salmo 77.

«Dije: Enfermedad mía es esta; traeré, pues, a la memoria los años de la diestra del Altísimo. Me acordaré de las obras de JAH; sí, ***haré yo memoria de tus maravillas antiguas. Meditaré en todas tus obras, y hablaré de tus hechos****».*

Salmos 77:10-12

DÍA 128: EL SALMO 77. NO ES PROBLEMA DE DIOS, ES MÍO

La verdadera guerra espiritual no es un asunto de bregar con demonios que vemos detrás de todas las puertas y que pensamos están espiándonos por doquier para acabarnos; la guerra está en el pensamiento, una lucha entre la verdad de Dios y las mentiras del enemigo que se posan en nosotros y distorsionan la verdadera imagen de Dios.

Neil Anderson, una autoridad en el tema de la guerra espiritual, dice: «El mayor obstáculo de la salud mental y emocional es un verdadero conocimiento de Dios». Si analizamos bien lo que hemos venido viendo desde hace unos días con el salmo 77, encontraremos que el salmista ha ido desde pensamientos tristes y apesadumbrados acerca de cómo él cree que Dios ha procedido, hasta hacerse una serie de preguntas introspectivas después de haber considerado y meditado sobre los hechos antiguos del Señor. Ahora, en estos versos del diez al doce encontramos un nuevo horizonte partiendo de una sola frase: «enfermedad mía es esta». Es un punto de transición que va de la desesperación que sentía el salmista por la situación descrita antes, a la esperanza y, luego, a la fe. Lo que está diciéndose aquí es que este pensamiento que he tenido acerca de Dios, me enferma, me abruma, me aplasta. Debe haber un camino diferente. Tengo que hacer algo para que no me siga enfermando. Soy yo el que estoy enfermo al pensar así, no es Dios que me ha abandonado.

Cuando el salmista hace este descubrimiento es porque no ha encontrado justificación para acusar a Dios de su desolación y su desvelo en las noches. En el versículo 10, se da cuenta de que el problema no era Dios, nunca dejó de ser bueno, propicio, fiel. Reconoce que el Señor no le ha fallado a su pueblo nunca, que sus pensamientos acerca de Dios estaban errados y declara que ese era un problema de él y no de Dios.

Cuando podemos reconocer que el que ha estado fallando en su dependencia y confianza en Dios es uno, entonces las cosas cambian. «Mis pensamientos acerca de Dios tienen que ser transformados y esto comienza en la mente», Romanos 12:1-2. ¿Qué podemos hacer después de darnos cuenta de que el problema estaba dentro de nosotros? Lo primero que hace el salmista es hacer memoria de las obras del Señor. Traer el baúl de los recuerdos, sacar el diario que iba escribiendo todos los días acerca de cómo el Señor intervino en cada momento de su vida salvándolo y ayudándolo.

Luego de hacer memoria, medita, considera profundamente y piensa en todas las cosas buenas que el Señor ha hecho y, finalmente, habla de los hechos de Dios. Son tres acciones maravillosas que nunca nos van a impedir dudar de nuestro Padre celestial. No solamente estaremos nosotros conscientes de la bondad de Dios, sino que otros lo conocerán porque no callaré. Yo hablaré de ello.

Una manera de mostrar que mi imagen acerca de Dios ha cambiado, es que lo daré a conocer a los demás. He sido liberado, he sido sanado. Esa era mi enfermedad. Ahora soy libre.

«Dios mío, ¡No hay Dios tan grande como tú! ¡Todo lo que haces es perfecto! Tú eres el Dios que hace milagros, que muestra su poder entre los pueblos. Con tu brazo poderoso diste libertad a tu pueblo Israel».

Salmos 77:13-15

DÍA 129: EL SALMO 77. DEL DESALIENTO A LA ALABANZA

No sabía que ese frasco tenía un medicamento al cual yo soy alérgica. Peor aún, no sabía que era alérgica. Por años, desde mi niñez, me habían tratado las infecciones de oídos con penicilina. Nunca mostré rechazo, pero parece que un día, por el constante uso, mi organismo se hizo resistente. Esa noche, tenía un dolor de garganta y alguien había mandado unas medicinas a casa y me dijo: «Tómate una de ese frasquito, es para aliviar el malestar», y me tomé nada más y nada menos que unas pastillas de penicilina; luego, me acosté. No pasaron tres minutos cuando en mi cuerpo empezaron a salir rosetones y mi garganta comenzó a cerrarse, produciéndome una taquicardia. Estaba a punto de morir. Salté de la cama y atiné a llamar al 911. Estaba en otro país y hablaban otro idioma, sin embargo, pude comunicarme y seguir instrucciones. Me sentía en otro mundo. En pocos minutos llegaron a casa y solo escuchaba que me decían: «No cierre los ojos, no cierre los ojos». Iba medicada de emergencia y, en vía contraria, pudimos llegar al hospital a tiempo. Mi cuerpo daba saltos en la cama y mi sangre se aglutinaba. Y oré, en mi semiconsciencia. Oré al Señor. «No, Señor, lejos de mi casa, no. Pero estoy lista si así lo decides» y Dios hizo su segundo milagro en mí. Después de meditar sobre todo lo que me pasó esa noche y de cómo fue salvada mi vida, solo pude alabar al Señor por la nueva vida que me había dado.

El salmista Asaf en el Salmo 77, ha tenido dos momentos críticos: decepción y desolación pensando que Dios lo abandonó y, luego, un momento de descubrimiento haciendo preguntas. El verdadero momento de enlace entre eso y un nuevo renacer es cuando se da cuenta de que lo citado anteriormente, lo enfermaba y abrumaba, porque era su problema y no el de Dios. Ahora, después de hacer memoria y ver cómo Dios había actuado bien por su pueblo, la acción más hermosa y justa que debe hacer el salmista es alabar y adorar al Señor. La esperanza ha llegado, por fin la luz al final del túnel ha sido vislumbrada y no hay nada más que hacer, sino exaltar al Señor por su persona y obra. El hombre tenía una nueva oportunidad de expresarle a Dios, con sus labios, sus conclusiones.

Primero dice: «Dios mío, no hay Dios tan grande como tú», indicando que Dios es su Dios personal. Cuando el Señor nos ha traído a Jesús (y nadie puede venir a Jesús si el Padre no lo trae) debemos sentir con seguridad que Jehová es nuestro Dios personal, porque no hay Dios tan grande como Él, sus obras son perfectas. Todo lo hizo bien. Trajo liberación con su poder.

Esa madrugada, con una lejana posibilidad de sobrevivir, el Señor me mostró que sus caminos son perfectos. Mi sangre fue envenenada con una sustancia contraria; mis órganos sufrieron terriblemente a causa de ese veneno y por la inminente muerte que se avecinaba (muerte súbita por choque anafiláctico), el Dios perfecto me devolvió a la vida. Me dio un nuevo motivo de adoración y alabanza, su brazo poderoso me salvó.

«Confiar en Dios es estar totalmente seguro de que uno va a recibir lo que espera. Es estar convencido de que algo existe, aun cuando no se pueda ver».
Hebreos 11:1

DÍA 130: ¡MARCHA, MARCHA, VE ADELANTE!

«Estoy desesperado, no sé qué más hacer, no veo el horizonte», «tengo tantas responsabilidades por delante y tengo las manos vacías, no sé a dónde o a quién acudir», «me arropó el estrés, no veo salida».

Frases como esas es posible que salieran de nuestra propia boca o las hayamos escuchado de amigos cercanos, familiares o en cualquier sala de espera, ya que todos en algún momento nos hemos visto «con la soga al cuello» ante situaciones que parecen inmejorables. ¿Será eso falta de fe? ¿Será que nos hemos olvidado por un instante de quién capitanea nuestro barco? Todas las respuestas a estas preguntas pueden ser un sí. Puede que nuestra fe tenga la «batería baja» por tantos golpes o porque no conectamos correctamente el cable.

Llegan momentos en la vida que se nos acumulan los asuntos por resolver porque quizá hayamos dedicado más esfuerzo a algo que parecía importante y no prioritario; a lo urgente o a los pequeños compromisos adquiridos que realmente no eran necesarios, pero que a nosotros nos pareció que eran asuntos nuestros. Entonces llegan momentos donde tenemos que resolver.

A la vez, puede ser que real y efectivamente hay asuntos dc prioridad que nos llegan pareciendo un gran mar al frente de nosotros, imposible de cruzar. Es ahí precisamente donde nuestro Padre es especialista; cuando nos ve casi ahogados, como sucedía con el pueblo de Israel ante la realidad de un ejército detrás de ellos. En ese momento no había escapatoria: o se dejaban engullir por ese ejército, o se lanzaban al mar para ser tragados por las olas. Entonces, ¡eureka!, ahí aparece el «regaño» de Dios al líder: «¿Y tú por qué clamas a mí y me pides ayuda? Dile al pueblo que marche, que siga adelante… y verán lo que yo voy a hacer». Lo que hiciera Moisés sería un acto absoluto de fe, de confiar plenamente en lo que le estaba ordenando el Señor, que sabía y tenía el control. ¿Por qué un acto de fe? Porque la fe es estar totalmente seguro de que uno va a recibir lo que espera y es estar convencido de que algo existe aun cuando no se pueda ver. Eso es fe.

Estrés versus fe, inseguridad contra confianza, agobio contra descanso. Eso nos golpea diariamente. No tanto a ti solamente, sino también a mí. Yo lo enfrente al igual que tú. Seamos honestos. Nadie está libre de estos sentimientos. El descanso en el Señor debe ser parecido a lo que experimentó aquel niño que viajaba en un avión y que en el momento que todo parecía sucumbir, alguien le preguntó: «¿Y por qué estás tan tranquilo en este vuelo tan difícil?». A lo que respondió: «Voy tranquilo porque mi padre es el piloto». ¿Sabías que nuestro Dios es el piloto?

“Porque en Él fueron creadas todas las cosas, las que hay en los cielos y las que hay en la tierra, visibles e invisibles; sean tronos, sean dominios, sean principados; sean potestades; todo fue creado por medio de Él y para Él. Y Él es antes de todas las cosas, y todas las cosas en Él subsisten».

Colosenses 1:16-17

DÍA 131: ¿ME VOLVERÉ UN ÁNGEL? —ME PREGUNTÓ UN NIÑO

Desde hace dos años me ha estado inquietando la declaración de muchas personas que afirman que su niño o familiar que murió se convirtió en un angelito o que el cielo tiene un nuevo ángel o, simplemente, que Dios necesitaba un ángel más. Si son personas que no tienen una relación personal con Cristo que lo dicen, no preocupa tanto, pero cuando se escucha y se lee de labios de cristianos conocedores de la Palabra, que leen la Biblia diariamente, entonces sí creo que falta orientación. Lo he visto, leído y escuchado incontables veces esta misma semana.

Entiendo que la intención es buena, por un lado, pero también supongo que eso viene de una pregunta torturadora que está en la mente de muchos: ¿qué pasa con mi niño que falleció? No pretendo bajo ninguna circunstancia atropellar el corazón de nadie ni remotamente traer sufrimiento; al contrario, tengo dos intenciones: tranquilizar a las personas que no tienen una idea de lo que pasa o están equivocados bíblicamente, y, segundo, animar a que cumplamos con lo que el Señor nos dejó haciendo sobre la tierra: compartir las buenas noticias con todos, incluyendo a niños.

Me había preguntado si la enseñanza tenía orígenes en el catolicismo y me dediqué a buscar referencias y descubrí que la gente se ha apropiado de estas creencias por su cuenta, están por doquier. Una autoridad católica afirma categóricamente que no es posible que un niño se convierta en ángel por dos razones principales. Estas dos razones las encontramos en la Biblia y son recalcadas por otros siervos de Dios a quienes también les preocupa el tema, pues no siempre (por no decir nunca), hemos escuchado predicar acerca del asunto, probablemente para no tener contrariedades con la mayoría de los oyentes.

¿Cuáles son las razones por las cuales no es posible que alguien, niño o adulto, se convierta en ángel?

Los ángeles son creados por Dios, son creación de Dios desde el inicio. No son seres humanos glorificados, Colosenses 1:16,17

Los ángeles tienen una naturaleza diferente a la del hombre. Son seres espirituales. No pueden cambiar su naturaleza, el hombre tampoco. Nosotros tenemos naturaleza humana. Los ángeles tienen una espiritual. Cuando encontramos en Hebreos 12: 22-23 estas declaraciones, vemos que hay dos grupos bien marcados en estas escrituras: millares de ángeles y la congregación de los primogénitos que están inscritos en los cielos, refiriéndose a los humanos salvos.

Convertirse en un ángel no es posible, no importa lo pequeño o inocente que creamos que un niño sea. Nosotros somos llamados «hijos de hombre», pero en ningún lugar en la Biblia encontramos el término «hijos de ángeles». A pesar de las buenas intenciones que tengamos respecto a los niños que se nos fueron, no podemos seguir apoyando la creencia errónea que contradice la Biblia. Podremos parecer impopulares, quizás, pero es necesario con amor y claridad, exponer lo que la Escritura dice.

La segunda razón por la que quise hablar de esto en mi devocional de hoy es para animarnos. Animarnos a compartir las buenas noticias. No importa si tu niño tiene dos años o cinco, es necesario. No importa si tu anciano tiene noventa o cien, es necesario. Todos somos responsables delante de Dios, tenemos una condición de responsabilidad por ser pecadores y no estamos hablando de una edad. Todos somos pecadores. ¿Quién, entonces, es un niño o un infante delante de Dios para que Dios se haga responsable por su salvación? Sin ser dogmáticos, pues de todas maneras tenemos que predicar el evangelio a todos:

Califican como niños o infantes aquellos que no han alcanzado una comprensión de manera madura en cuanto a los asuntos de la gracia, la ley, el pecado y la salvación. Para ellos, Cristo aplica su muerte para el pago por sus pecados. Como dije, sin ser dogmáticos. Esta persona puede ser un bebé en el vientre, un bebé nacido, un niño pequeño, un adulto con algún problema a cualquier edad, que no tenga la capacidad mental para reconocer su condición y convencerse plenamente de su necesidad porque no puede comprender los asuntos de la ley, del pecado, de la gracia y de la salvación. He repetido, para ser enfática y clara. Esto se llama condición de responsabilidad y no tiene que ver con edad.

Esta es nuestra tarea, mientras la persona tenga la oportunidad de escuchar el evangelio y comprender su condición, entonces a esa persona tenemos que hablarle de Cristo, sea niño o sea adulto.

Los niños que van al cielo porque les ha sido dada la salvación como un regalo y han recibido ese regalo de vida eterna, estarán felices adorando al Cristo que los rescató, como humanos salvados, no como ángeles que nunca han sabido lo que es el haber sido rescatados de nuestra condición de pecado y trasladados al grupo de los redimidos por la sangre de Jesús.

«He aquí que yo hago cosa nueva; pronto saldrá a luz; ¿no la conoceréis? Otra vez abriré camino en el desierto y ríos en la soledad».

Isaías 43:19

DÍA 132: UN NUEVO COMIENZO

Me gusta mucho pensar en los amaneceres, siempre reflexiono en la sabiduría de Dios, en cómo se revela en el transcurrir de un día, en el anochecer y en el inminente amanecer. El hecho de tener la esperanza de que mañana volverá a amanecer, es sentir a Dios mismo susurrando en mi oído: «Tienes delante de ti una nueva oportunidad, un nuevo comienzo».

Después de pasar por una serie de dificultades en este último año, dentro de unas semanas estaré alistando mis maletas, guardando en cajas de cartón un sinfín de objetos personales, vajillas, adornos, muchos… pero muchos libros, para salir de la que hasta ahora fue mi casa e iniciar un nuevo tiempo en un nuevo lugar que sé Dios ya tiene preparado para mí. Fácil no ha sido y no lo es, para ser franca aún estoy asimilando el proceso de mudanza, pero tengo esta confianza única, esas palabras que Dios mismo ha dejado plasmadas en el libro del profeta Isaías, las cuales son una verdad en mi ser: Dios está haciendo algo nuevo. Él es especialista en cambiar situaciones, mudar historias, convertir los procesos difíciles de nuestras vidas en experiencias enriquecedoras que nos conduzcan a la madurez y pueden ser de bendición para muchas personas, siempre y cuando las entreguemos en las manos maestras del gran Alfarero, aquel que del barro puede hacer una nueva y mejor vasija.

Espera un poco, ten paciencia, confía en el que conoce tu pasado, tu presente y tu porvenir, el cual te tiene esculpido en las palmas de sus manos y jamás se olvida de ti.

Él no se cansa, no se adormece ni se duerme, puedes descansar en su cuidado amoroso y protector.

Pronto saldrá la luz, dice su palabra. Espera y verás cómo amanece el sol nuevamente. Dios está haciendo cosas nuevas en tu vida, espera y la conocerás, la palparás y disfrutarás.

¿Te sientes cansado? ¿Necesitas recomenzar? Yo lo necesito y, ciertamente, a las puertas está el nuevo día que el Señor tiene reservado para mí y, sin duda alguna, para cada uno de sus hijos, según su necesidad.

Descansa y prepárate porque Dios abrirá camino aun en el desierto y ríos en la soledad.

¡Ten ánimo! A las puertas está.

Hermana Zildette Rodríguez S. —Invitada de honor. Santa Cruz de la Sierra, Bolivia.

«Y me ha dicho: Bástate mi gracia; porque mi poder se perfecciona en la debilidad. Por tanto, de buena gana me gloriaré más bien en mis debilidades, para que repose sobre mí el poder de Cristo».

2 Corintios 12:9

DÍA 133:
DISCAPAZ, NO INCAPAZ

¿Hasta qué punto una discapacidad puede ser un detonante para lograr o aplastar tus sueños?

«¡Sorda!» me decían desde niña.

Sabía que se burlaban de mí. Mi cara se perdía en la incertidumbre cuando me pedían algo: «Tráeme un jugo de guayaba» me decía mi familiar, y yo le llevaba una toalla.

«¡Esa niña es sorda o se hace!, ¡solo escucha lo que le conviene!» —decían.

Por eso me esforzaba por ser buena en lo que hacía, para contrarrestar mi problema. Desde niña me gustaba hablar en público y conectar con las personas.

En la escuela me sentaba pegada al escritorio de mis profesores para escuchar bien. Desde muy joven, Dios me mostró que, a pesar de todo, su gracia me sería suficiente para enfrentar la vida y mi realidad. «Te basta mi gracia», decía en mi interior.

Actualmente soy maestra y enseño lenguas extranjeras, es decir, me estoy comunicando todo el tiempo a pesar de mi sordera en ambos oídos. Cuatro cirugías en mis oídos no me resolvieron el problema.

Estando en las aulas, dos pensamientos martillaban mi corazón: mi profundo deseo de ser una capacitadora, *coach*, conferenciante y mentora certificada del equipo Maxwell. Pero… ¿cómo, dónde y cuándo hacerlo? ¿Cuánto me costaría? El segundo pensamiento era el temor a que llegara el día cuando ya no pudiera escuchar y entender bien a mis alumnos.

Ese día, en particular, me percaté de mi situación crítica. Iba llegando a una clase y escucho a algunos alumnos decir:

—Ahora toca la materia de la maestra sorda. ¡Ahí viene la sorda!

Entro y digo:

—Sí, yo sé que soy sorda —y les conté algunas historias de logros a pesar de mi sordera, para hacer creer que no me había afectado el comentario.

Pero estaba rota por dentro, tenía un nudo en la garganta y en el corazón. Amaba a mis alumnos.

Al salir de clases, lo supe: el día que temía, había llegado. Pero un pensamiento dulce acompañaba a ese sentimiento gris. Era el momento de realizar lo que tanto anhelaba.

Estaba triste por las burlas y consideré dar un giro a mi vida. En un momento muy difícil, decidí que mi discapacidad no sería un obstáculo.

Las palabras de mis alumnos me impulsaron, como un detonante, para alcanzar mi sueño de hace años. Oré y me dije: «si estás sufriendo y arrastrando los pies pesadamente donde trabajas, entonces anda y lánzate a lograr tus anhelos»: conectar con el corazón, agregando valor a muchos más y usar con excelencia la palabra.

Un factor inesperado, mi salud, se interpuso para que yo volviera a casa a reposar y comenzar un proceso de retiro paulatino. Fue algo inesperado, pero ese reposo ha permitido que, desde mi casa y desde el anonimato, Dios me permita lograr sueños que por el momento solo eran eso, sueños. Ahora son una realidad. Parece ser una contradicción. Pero Dios todo lo trae a bien según sus propósitos.

Varios factores más se combinaron, junto con una acción económica arriesgada para convertirse en mi suerte. Y hoy, sostengo en mis manos mi Diploma de Certificación internacional de Maxwell Leadership.

No hay obstáculos que impidan lograr tus sueños cuando hay una decisión firme de dejar lo bueno por lo mejor, lo de alcance limitado a lo que puede traer un impacto e influencia más allá de lo imaginable.

Este año fue de caídas y avances, de resbalones y retomar fuerzas para continuar. No hay vuelta atrás. En Dios haremos proezas.

«Hermanos, yo sé muy bien que todavía no he alcanzado la meta; pero he decidido no fijarme en lo que ya he recorrido, sino que ahora me concentro en lo que me falta por recorrer».

Filipenses 3:13 (TLA)

DÍA 134:
QUEMANDO LAS NAVES

«Quemar las naves», ¡qué expresión! Muchos estarán familiarizados con ella, es posible que otros no. Les cuento una de las versiones que más me llama la atención y que creo la más acertada. Esta frase tiene que ver con la «visión».

Se dice que por el siglo III antes de Cristo, Alejandro Magno, un líder lleno de visión, rey de Macedonia, realizó una maniobra militar sin precedentes que dio vida a la expresión que nos ocupa. Al llegar a la costa Fenicia, Alejandro Magno, viendo que sus enemigos se triplicaban y que su tropa caía derrotada antes de llegar a batalla, desembarcó en Fenicia y ordenó que quemaran todas las naves de su tropa. Y mientras su nave ardía, llamó a todos y les dijo:

—Observen cómo se queman los barcos... Por esta razón es necesario que venzamos. Si no ganamos, nadie volverá a su casa, ni dejará este lugar tan despreciable, ni volverá a ver su familia de nuevo. Hay que ganar la batalla, pues solo hay un camino de regreso, y es por el mar.

Me imagino las caras de aquellos hombres desesperados por la acción de Alejandro Magno, preguntando cómo regresarían. Fue entonces que él añadió:

—Señores, regresaremos a casa de la única forma posible, lo haremos en los barcos de nuestros enemigos.

Mi querido lector, han pasado muchas cosas este año para ti y para mí. Es posible que grandes triunfos, grandes logros, sueños alcanzados, metas logradas; pero también hemos tenido intentos fallidos. Hemos tenido que encontrarle el lado positivo al fracaso, hemos tratado de reiniciar y nos hemos levantado. La expresión «quemar las naves» nos dice que debemos lanzarnos a alcanzar nuestro propósito de vida, nuestros objetivos y, como aquellos hombres de Alejandro Magno, renunciar a la mínima posibilidad de dar marcha atrás ante un posible fracaso.

No hay vuelta atrás.

El año termina, pero con él no terminan nuestros sueños, no termina el plan de Dios para ti y para mí. Hay un largo recorrido por el mar y lo haremos en el barco del enemigo; lo haremos montados sobre la experiencia que hemos adquirido de aquello que no logramos.

Procesemos y evaluemos nuestras caídas. No nos quedemos sumergidos en el mar mirando cómo ardieron nuestras naves. Hay que salir, vencer y tomar las otras flotas que nos llevarán a nuestros puertos. Lo haremos de la mano del Dios que nos dijo al principio de año: «Yo soy la porción de tu copa y herencia, me tienes a mí, anda delante de mí. No hay marcha atrás. No temas, porque yo estaré contigo, te ayudaré, te sustentaré con mi mano poderosa».

El pasado ya fue.

Ya no es el pasado, es lo porvenir.

Made in the USA
Columbia, SC
19 December 2023

29006273R00243